陈映真档案

台湾与我这些年

等/著

《明报月刊》50周年典藏书系

顾问主任　　张晓卿

顾问委员会（以姓氏笔画为序）

马悦然　　王　蒙　　王德威　　龙应台　　白先勇　　刘再复

刘绍铭　　刘梦溪　　李天命　　李欧梵　　李泽厚　　李焯芬

余光中　　余英时　　张　错　　张信刚　　杜维明　　杨振宁

吴清辉　　沈祖尧　　罗多弼　　金耀基　　郑树森　　郑愁予

胡菊人　　查良镛　　饶宗颐　　聂华苓　　徐立之　　黄玉山

黄永玉　　痖　弦　　葛浩文　　董　桥　　潘宗光　　戴　天

顾问主编　查良镛　｜　主　　编　潘耀明

执行主编　陈志明　｜　执行编委　彭洁明

江西教育出版社

JIANGXI EDUCATION PUBLISHING HOUSE

图书在版编目 （CIP） 数据

台湾与我这些年：陈映真档案 / 陈映真等著．--
南昌：江西教育出版社，2017.9
ISBN 978-7-5392-9723-1

Ⅰ．①台… Ⅱ．①陈… Ⅲ．①陈映真（1937-2016）
—人物研究 Ⅳ．① K825.6

中国版本图书馆 CIP 数据核字（2017）第 183203 号

台湾与我这些年 ： 陈映真档案
TAIWAN YU WO ZHE XIE NIAN　CHENYINGZHEN DANGAN

陈映真　等　著

江西教育出版社出版
（南昌市抚河北路 291 号　邮编：330008）
各地新华书店经销
大厂回族自治县德诚印务有限公司
720mm×1000mm　16 开本　13 印张　字数 120 千字
2018 年 1 月第 1 版　2018 年 1 月第 1 次印刷
ISBN 978-7-5392-9723-1
定价：38.00 元

赣教版图书如有印制质量问题，请向我社调换　电话：0791-86705984
投稿邮箱：JXJYCBS@163.com　　电话：0791-86705643
网址：http://www.jxeph.com

赣版权登字 -02-2017-733

目 录
CONTENTS

001 海峡三边，皆我祖国

中国知识界的问题 //002

"戡乱"意识形态的内化 //008

中国文学在两岸的发展 //016

汹涌的孤独——敬悼姚一苇先生 //022

经受大寂寞，甘之若饴——祭黄继持文 //031

海峡三边，皆我祖国 //035

039 文学是对自由的呼唤

文学是对自由的呼唤——获颁花踪世界华文文学奖感言 //040

民族分裂下的台湾文学：台湾的战后与我的创作母题 //046

一九八五年三月五日陈映真先生致潘耀明信 //052

055 我是属于反思、检讨型的作家

论强权、人民和轻重 //056

我是属于反思、检讨型的作家——专访陈映真 //064

我们应建造一个正义和友爱的社会——陈映真答客问 //082

中国的伤痛与台湾的认同悲情——专访陈映真 //093

恐怖主义与弱小者的全球化——专访陈映真评美国"批发"式恐怖主义 //102

人生小语——陈映真写给《明报月刊》//108

111 蜗蜗独行

我会努力的!——怀念陈映真 //112

一个脊骨挺直的中国人——陈映真 //115

踽踽独行——陈映真 //122

陈映真点化革命乐章 //134

从《将军族》到《夜雾》——谈陈映真小说艺术之深化 //137

《台湾小说里的两个世界(1960—1970)》序 //146

怀念理想主义者——陈映真 //165

陈映真获"花踪"大奖 //168

作家陈映真病逝北京 //172

175 大家眼中的陈映真

大家眼中的陈映真 //176

附录——陈映真生平与创作简表 //189

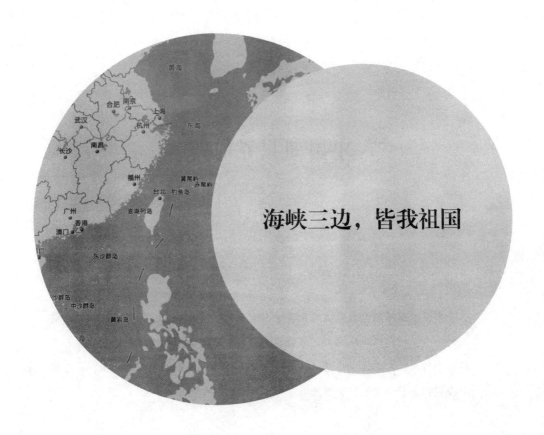

海峡三边，皆我祖国

中国知识界的问题

陈映真

今天知识界的自我精英意识看来相对高涨，谈自己的"体系"，谈自己前途的人多，但把眼光抛向广泛直接生产者的处境与命运者少。一些在香港和台湾的中国人，尤其喜欢恣意批评他们所不知道的一九七九年前的中国，也习惯于漠视社会弱小者的惨苦，兀自宴乐腐败。

普遍流行的看法，总是把大陆当代史一分为二，即一九四九年后到一九七九年改革开放前看作一个阶段，一九七九年到现在是另一个阶段，而一般地否定或负面评价第一个阶段，肯定或正面评价后一阶段。

中国共产党领导并取得胜利的中国革命，是中国人民在古老的中华帝国崩溃、军阀割据、帝国主义侵略、民族经济破产的总危机中爆发出来的救亡图强的巨大能量的一个结果。这个革命打倒了帝国主义，打倒了封建主义，消灭了官僚资本主义。没有打倒这三座大山，今天的中国会怎样，看看印度就明白了。

中共选择社会主义是历史的必然

中华人民共和国成立的指导纲领，是人民政协纲领所说，把中国建设成"独立、民主、和平、统一、富强"的国家。共和国建政以来，走了曲折的道路，但不论是"激进"的道路，还是"务实"的政策，基本上都是为了真心实意实践这纲领，这无疑义。

有人批评中共不应该选择社会主义道路。但这是在百年国耻、被帝国主义豆剖瓜分的命运中崛起的中共，从国民党手中接下残破贫困的中国，奔向富强时必然的选择。

有人批评农业合作化，但这是土地改革后创造出庞大而贫困的小农农村社会后，组织农民，对土地、农具、生产资源合理有效利用的不二法门。人们忘记了：农村合作化没有中国贫困农民在中国革命进程中对中共产生的深厚感情与信赖为基础，是不可能的。中国毕竟没有像苏联那样以血洗富农的痛苦完成合作化。

大多数人把这个时期看成经济停滞、生活贫困的时期。日本学者的统计：一九五三年到一九五八年，中国工农生产总值年增长率为百分之十点八；国民所得年增长率为百分之八点九；工业生产年平均增长率为百分之十八，其中轻工业年增长率百分之十二点九，重工业年增长率百分之二十五点四。在二十世纪五十年代，第三世界国家的经济增长无出其右。

没有打倒三座大山，没有在残破的国民经济上调动亿万人民艰苦完成初具规模的重工业体系和国防工业、改革农村经济，今天中国的发展是绝不可能的。

当然，从反右、"大跃进"一直到"文革"，中国走了弯路，留下沉重的创伤，这是人尽皆知的。但是，也得以"选择社会主义，捍卫革命，建设富强的祖国"这个根本动力，去理解"继续革命"论和"调整、发展"论之间的争论；从苏共对中共理论上和物质上的压迫，从韩战以降美国对中国至今未弛的围堵中去理解路线选择的斗争。

一九五八年到一九六六年的经济从前一时期的快速增长进入曲折发展的时期。今日众所诟病的中央集权指令计划经济，却是完成了从农业引导重工业化、艰苦的重工业化资本积累的任务。对于贫困的中国，在特定历史时期，计划经济起了重大作用。

一九六六年到一九六八年，经济增长随政治、社会的翻搅，严重下挫。但经一九七〇年以后的调整，经济很快恢复。不必等"文革"结束的一九七六年，一九七五年工农业总产值比一九七四年增加百分之一点七（原计划百分之七）；工业总产值比前一年增加百分之一点三（计划百分之八至九）；农业产值增加了百分之二点五……

以"文革"为代表的"激进"道路教训是巨大的。运动固然冲击了反对革命的一些人，冲击了官僚、腐败分子，但运动也使成千上万纯洁、对社会主义革命怀抱不渝忠心，对解放和幸福深信不疑的党员、知识分子和群众受挫，使革命本身蒙受难以补偿和复杂的损失。一九八〇年以后，这伤痕转变为对革命及其信念的反感、冷漠和不信任。

其次，"坚持社会主义，富强中国"的强大动力，不料产生了某种唯心主义，使历史唯物主义的工具失去效力。主观意志和愿望凌驾于经济社会发展的客观规律之上，"瞎指挥"、灌水的业务成绩报告，在"激进"路线时期层出不穷。尤其严重的是，道德分析取代了阶级分析。对一个人是不是"资产阶级分子""走资派""右派"的定性，放弃了科学的社会阶级研究与分析，而以主观的政治论和道德论去审判。加上"唯阶级论"为害，使被错划阶级的人和他们的子女，受到政治上、社会上难以伸直的冤屈，对一代人的损害，至深且重。

　　一九七九年以后的巨大发展，十分振奋人心。我个人年复一年看见大陆社会经济的快速发展，尤为激动。从社会发展的观点看，中国在一九七九年后的跃升，看来尚未有理论上的解说，但我深知这么地大、人口众多、底子单薄的中国的崛起，是十分不容易的奇迹。毛泽东曾说，一九六〇年后，谈（革命的）光明面的人少了，谈黑暗面的人多了。中国人民力争复兴、独立和富强的历史意愿，没有比现在更贴近其实现的目标。

大陆社会经济快速发展的隐忧

　　当然，这快速、巨大的发展，就像一切国家的经济发展一样，可能内包着复杂的问题。但我只举两个隐忧：

　　一、在一九七九年特别是一九九二年以后强大的民族积累运动中，让"发展"这个火热的目标，遗忘了在生产现场中的广大工人阶级。农民的阶级分解问题也没有受到应有的重视。初期积累的残酷剥夺，相当普遍。"工农阶级的同盟"的实质，引起人们的忧思。

二、知识界的思想意识形态也发生巨大变化。过去"臭老九"论固然不对，今天知识界的自我精英意识看来相对高涨，谈自己的"体系"，谈自己前途的人多，但把眼光抛向广泛直接生产者的处境与命运者少。如前文所说，中国知识界忽然失去了人民的、马克思主义（更遑论社会主义）的视野。

一些在香港和台湾的中国人，尤其喜欢恣意批评他们所不知道的一九七九年前的中国。他们对中国革命起于屈辱，起于对独立自强、自救于危亡的思想一无所知，并且在"富裕"中嘲笑民族解放的执着。他们也习惯于漠视社会弱小者的惨苦，兀自宴乐腐败。我不反对这些人也来讴歌中华人民共和国的五十岁生辰，但一生局促的我，只能对盛世进献危言，作为我献给伟大的中国人民的小礼。

（原载《明报月刊》一九九九年第十期）

陈映真（右一）在爱荷华城与作家们

"戡乱"意识形态的内化

陈映真

一九六八年，我因反内战和反"冷战"的思维，在"戡乱"内战的历史中，干犯重罪，身陷缧绁。一九八〇年后半以后陆续发生了"解严""解党禁""解报禁"的大事，而我却一如一九六〇年代的自己一样孤独，彳亍蹒跚于历史无可如何的嘲弄之中，思之不禁哑然而笑了。

内战意识形态更深化

听说国民党即将在五月间宣告"戡乱"时期的结束。在理论上，这是"国府"宣告长期国共内战的终结。国共之间全面对抗，也许应当是从一九二七年"清党"后，中共在广阔的中国农村掀起农民武装蜂起、建立农村政权开始的。一九四九年，国共内战因中共建国而在历史上告一个段落。一九四九年以后，以海峡为界的国共对峙，完全是在战后东西阵营在全球范围内的对抗结构上固定化和长期化的。

如果从一九二七年以降六十多年的国共内战历史，看"国府"行将宣告结束"戡乱"，当然是一件大事。但从台湾内部看，其实也只不过是"理论上"的事。台湾在政治上、舆论上、文化上和知识上的极端反共、反中共、民族分裂主义、反民族——反统一和民族事大主义的意识形态，如果在"解严"之后没有被全面颠倒还变本加厉的话，终止"戡乱"以后，当然也不会有戏剧性的变化。

国共内战六十余年，已经是三代人的时间。如果光从"理论上"说，台湾战后资本主义四十年的发展，国民党的内战意识形态"应该"在资本、商品和市场依自己运动的逻辑不断扩大的过程中相应风化，及至"解严"、终止"戡乱"之后，内战意识形态也应已名存实亡。但在现实上，却不是如此，甚至还是和这推论完全相反的。在台湾，内战意识形态恰恰是更深化和强化了。

以这回"三保警案"为例。中共用心良苦地纵放杀死大陆渔民的台湾警察，谨慎不挑动大陆人民对台湾警察杀死大陆渔民的愤怒，"免除"杀人警察的刑责，送回台湾。但人一回到了台湾，三位保警成了"忠义可风"的英雄，发奖金奖状，开记者会吹牛。国民党可以任日本海上保安厅占领钓鱼台，任日本海警殴打在钓鱼台海域作业的台湾渔民，不闻不问，但查缉"大陆客"和两岸人民在海峡的"走私"，却凶狠、神勇无比。郝伯村和目前在台主持两岸事务的官僚早已经说得十分明白：即使结束"戡乱"，中共依然是一个"敌对团体"，依然是一个"叛乱团体"，反共"国策"依然不变，却偏有人对"戡乱"结束，抱着"浪漫的憧憬"。

国民党的"海基会""国统会"和"陆委会",其实是用来垄断台湾与大陆交流、往来、沟通的窗口的机关。国民党利用其作为执政者的广阔资源,独占两岸关系,从而控制两岸人民之间关系的发展。民进党和"台独"派指控国民党和共产党"暗中来往","出卖台湾"。其实,国民党的"统一论",一贯是"胜共统一""颠覆统一",以经济、政治、文化等非军事手段搞和平演变的"统一",实质上,千条万条,就是反统一,反共,反中共,在民族事大主义下持续民族分裂状态。

传媒难改"匪情报道"老调

台湾绝大多数的报社编辑、主笔、记者等言论工作者,立场不论朝野,对中共和大陆社会却一样充满了根深蒂固的、自觉或者不自觉的猜忌、敌意、骄傲自大、歧视、甚至鄙视。"解严"以来,没有一家台湾报纸对大陆事物开始做比较客观、深入的研究,用比较实事求是、理解、公平的态度,用不同于"反共戒严"时代"匪情研究""匪情报道"的角度和知识系统,打破内战观点,去认识、报道和分析大陆事物。正相反,官方立场的报章杂志固无论矣,号称"民间"大报,依然不改"匪情报道"的老调,自以为思想开放的年轻记者,一到大陆,国民党长期教育的对"匪"敌情意识自然发动,反共偏见油然而生。至于立场鲜明的"台独"报刊,其实早已取代国民党的党、军报刊,负起激烈的反共、反华、反统一、反民族这些超标准的内战、"冷战"言论工作的大任了。总之,台湾的大众传播工业,台湾的一切意识形态机器,在对待大陆问题上,在对待中共、对待社会主义、对待民族和解与统一问题上,绝无朝野之分,也没有"解严"前后之分,一律致力于生产和扩大再生产反共、反中共、反统一、反民族甚至反大陆的内战"戡乱"意识形态。这是个大局,是总的性质。期待结束"戡乱"后的台湾言论界,有比较合理的改变,是完全不切实际的。

学界的反共情结不变

台湾的学术界、高教界、文化界也一样。长期掮着"海外学人"的几个人,和满坑满谷的美制 PHD,在台湾两大报中被奉为言论领袖,在两岸问题的"学术研讨会"和"座谈会"上;在专栏文章上;在专题访问的发言中,大谈"两岸交流不宜过热""民族主义偏狭""统一不能有浪漫憧憬""经济差距缩小再统一""等大陆有民主再统一""照顾两千万人民的福祉"这些宏论。这些言论,从纯粹的说理上看,自然也不是完全没有一点道理。问题在这些大小"专家学者"在思想上,极少有人以民族分裂为民族之耻、反省过六十年内战中知识分子扮演过的角色和要背负的责任;很少有人具有民族再团结、民族再振兴的怀抱;很少有人批判地对待自己"学术生涯"中过剩的美国影响(American connection)和自己养成训练过程中所累积的民族事大主义。他们的思想感情，也是千条万条，不能统一，不要统一，不要结束民族分裂，不宜结束民族内战。至于近十年间陆续回到台湾占领高教阵地的"台独"系专家、学者、教授，积极在青年学生中宣传反民族、反统一、反中共——即一九五〇年以降的"冷战"和内战"戡乱"意识形态，就更不用说了。而这恰恰不是国民党反共权威统治最盛时代的现象。这恰恰是"独块岩"式的国民党国家的相对自主性减弱，"解除"了"反共军事戒严"、"解除"了报禁之后的现象。"戡乱"结束后的台湾知识界，基本上还是这个局面——保守、反共、亲西方、反民族，甚至反中国——如果不是更其不堪的话。

"冷战"并未结束

二战后，在第三世界，任何暂时性的解放和文人政府的出现，都意味着"冷战"和"内战"意识形态、政治、学术、文艺和论述系统的全面颠覆和瓦解；意味着反"冷战"、反内战——反反共的论述系统的复权。台湾却并不是如此，而是恰恰相反。

究其原因，至少有这几端：

首先要指出，战后因世界"冷战"结构下"反共国家"（state）安全体制的"独裁成长"而取得经济发展的"四小龙"，除了韩国有比较强大的反"冷战"体系的学生、知识分子、文艺和社会等分野的运动之外，中国台湾、中国香港、新加坡的思想、文化、言论和意识形态，都表现出不同程度的、深刻的"冷战"价值和反共论述的内化。"'冷战'成长"和"反共独裁成长"，加上一九四九年后大陆来台人口和今日香港构成人口的主要部分，在台湾巩固内战和"冷战"政治以及价值系统的统治；再加上六十年代末新兴中产阶级都是因"'冷战'成长"和"反共独裁成长"的香港、台湾战后资本主义累积过程的产物，都是两地"冷战"、"反共国家"高度相对自主性所栽培的产业和阶级，"四小龙"的右翼意识形态，便始终起着高度支配作用。

其次，中国香港、新加坡的高等教育，和英国、美国有密切的联系；台湾地区和韩国等，则与美国有密切的联系。一九五〇年以降，"四小龙"不但在东亚对峙和对华包围、封锁的战略体系下"发展"了经济，也同时发展了和美、日、英之间新的和旧的殖民主义文化、意识形态的关系。这使"四小龙"和其他广阔的、贫困的亚洲国家和地区渴望民族解放、国家独立和构造性变革的运动与意识形态，形成明显对比。

当然，也因为这样，一九四九年以后中共在大陆上走的弯路、犯的错误、经历的失败，在台湾便以相乘相加的倍数显现，从而有效地歪曲、掩盖了中共在一九四九年以后若干得之非易的、堪称巨大的成绩。这些客观的弯路、错误和失败，在台湾战后不断复制和扩大内战和"冷战"价值与意识形态上，起着十分有效而深远的作用。

二十世纪八十年代中后期，蒋氏家族从台湾战后政治舞台上迅速而真实地消失。一个以李登辉为首的、美制 PHD 君为中心的新权力中心登场，六十年内战和四十年"冷战"所培育和锻造的后蒋时代，将"冷战"与内战的思想和价值内化到朝野肌理的深部而展开。台湾"'戡乱'

时代的结束"，不是"戡乱"意识形态颠倒的开端，正好相反，是"戡乱"意识形态的固着化和内化的完成和展开。

　　然而，台湾政治、文化、学术和舆论界的反共、反民族保守主义，即"戡乱"意识形态在两岸关系上，和台湾民间在两岸开放往来后经由民间宗教、民间曲艺和旅游探祖的交流所形成的自然不哗的民族亲和过程，形成针锋相对的两重构造。不幸的是，一年近百万人次的台湾民众在大陆访游过程，似乎并不曾受到中共的重视。在大陆观光系统末端的接待，服务品质上的粗糙、唯商业主义、观光腐败和观光公害，在某些地区（例如广州、深圳、桂林）对观光客的讹诈和色情交易，不但正在严重伤害同胞旅客对大陆的观瞻，也在严重地伤害旅游地大陆人民的伦理和自尊，并且无可讳言地败坏而不是增进了两岸同胞的情谊。而这样的恶果的积累，将使台湾民间有朝一日也被组织到内战意识中，对大陆社会和人，产生疏隔而不是亲和的情感。

　　一九六八年，我因反内战和反"冷战"的思维，在"戡乱"内战的历史中，干犯重罪，身陷缧绁。一九八〇年后半以后陆续发生了"解严""解党禁""解报禁"的大事，如今又是解除"戡乱"的前夕，而我却一如一九六〇年代的自己一样孤独，彳亍蹒跚于历史无可如何的嘲弄之中，思之不禁哑然而笑了。

（原载《明报月刊》一九九一年第五期）

一九八六年，陈映真抗议日人藤尾正行来台

中国文学在两岸的发展

陈映真

与会者中，陈映真是唯一有殖民地背景的中国作家。在日治台湾成长的他，中国文学是如何闯进他生命的呢？

——编者

殖民地的孩子

我生于一九三七年。中国人对一九三七年的记忆就是抗日战争，可是我的一九三七年是日本人在统治台湾的年代，我是殖民地的孩子。第一次写作的时候，大概是二十二三岁吧，我现在记得不太清楚。这样的一种生命历程，怎么使我变成了一个中国作家？我在一九四五年台湾光复的时候，已经念了一个学年的日本书。此后，我跟和我同时代的人一样，受过完整的祖国语文教育，从小学到中学到大学毕业。

我们都知道，一九五〇年以后，是"冷战"的时代，因此，我们的语文教育也是非常枯燥无味的，可是我初中的时候，学校遍教大陆运过来的中华书局的语文书，里面我还记得很清楚，有鲁迅的《鸭的喜剧》、朱自清的《背影》、巴金的《繁星》，我们还可以读到二十世纪三十年代的书。

台湾的语文教育

台湾的语文教育从二十世纪五十年代开始，但教材完全禁了台湾二十年代初、中期以后展开的日治时期的文学，也禁了大陆的三十年代到四十年代的文学，即三十年代的左翼文学、四十年代的抗日文学。现在台湾有很多人说，国民党政权歧视台湾文学，不教台湾文学，这不符事实。他们不教台湾文学，也不教大陆三十年代、四十年代的文学，其实是反共意识形态的问题。因此，不但禁台湾人的作品，更禁绝大陆的左翼文学。

现在出土的资料告诉我们，一九四五到一九四九年，两岸之间文化、文学的来往是非常热闹的。三联书店曾经要在台湾设立分店，后来因为受到国民党的注意而没有设立。进步作家像欧阳予倩，都到过台湾，而且他还演过戏。在一九四五到一九四九年的这段时间，大陆三十年代的文学，或者四十年代的文学，很多也流到台湾来。当时的台湾人，主观上有一种热烈地想要学习大陆文化、文学的愿望，所以，实际上一九四五到一九四九年之间，读大陆的文学作品、杂志、书刊的台湾知识分子非常多。这就形成了"二二八"事变以后，还有很多的知识分子拥护当时在台湾的地下党，到了五十年代被完全地扫清，大概关了八千到一万二千人，枪毙的人数大概是四千人。他们都是受到一九四五到一九四九年这段时间两岸之间来往的书刊、杂志、思潮的各种各样影响。

鲁迅的影响

讲我自己，就要讲到我的父亲那一代人。我父亲是台湾知识分子，也很热心追求祖国的知识，所以在他的书柜里面有很多关于大陆的书。在五十年代白色恐怖的时期，他烧掉很多左翼的书。可是，我在他的书柜里面，发现书架背后有一本书，红皮的，叫作《呐喊》，就是鲁迅的小说集。我就拿来看，那个时候我大概是上初一吧，不十分看得懂，就只有那个《阿Q正传》觉得很好玩。这本书一直陪着我长大，我受到这本书的影响非常大。后来，我到旧书店里面找到很多其他三十年代的书，像茅盾、巴金这些人的书。

所以，即使从台湾在殖民地时期的历史来看，对我来说就是这些我偶然碰到的三十年代大陆的文学，成为我的教师，对我影响很大，特别是鲁迅对我的影响特别大，所以文化传统这个东西就像刚才白先勇提到的是非常自然地渗透到我们血肉、渗透到我们灵魂、渗透到我们精神的一个东西。

再说一下台湾的新文学，大概在二十年代就紧跟着大陆五四运动展开的。郭沫若、鲁迅的作品很早就被介绍到台湾来，所以台湾的文学在日本语言统治一切的时代是最早萌芽的，是用中国的白话文写成的文学。那么，这恰恰是知识分子坚持自己的民族文化传统的一个表现，他们没有用日文写，也没有用台湾的方言写，而是用大陆的白话文来写。

所以说，虽然在座的所有中国作家中，我是唯一有殖民地背景的，即便是这样，中国的文化传统还是以这样的方式影响了我。

中华文化在台湾民间

汉字在有众多不同方言的汉族中形成强大的民族凝聚力。不仅是民族凝聚力，在鸦片战争以前的汉语文化圈，它带给了东亚、东北亚、法国占领以前的越南的语文思维重要素质。在中国，不同方言区的人，平常不能以话语沟通，而是以方块字为中心形成的文学典章、文物典籍使民族凝聚起来，而且成为一种有力的文化传统。

至于台湾文学，恰恰是受这种不能摧毁的、深深根植于民族灵魂和民族精神的、以汉字为基础的汉文化所影响。一八九五年台湾被清政府割让给日本，立刻出现禁止汉语、推行日本语，要培养殖民地中低级土著干部的情况。但日本人推行了五十年，完全没有同化台湾人。现在"台独"人士推行的"去中国化"令人很担心，他们主张尽量抛弃大陆的白话文，以台湾话、闽南话写作，而且在没有统一标准化的标音和标记下，已经开始推行了。在初级教育便教小孩子闽南话、客家话，甚至是山地九族话，小孩子读得很辛苦，家长也怨气冲天。

台湾当局这种"去中国化"是强迫上马，令人忧心新一代汉语能力就这样给破坏了。虽然，"台湾主体性""台湾独立""台湾主体意识"闹得非常嚣张，但民间还是有一种力量，形成了让孩子背诵唐诗的组织，传授汉古文学。目前台湾当局的做法是伤害了一代学子的语文能力。当局不明白，不仅是读语文的，就是读科学、工程、哲学的学生都应该掌握良好的汉语能力。

（原载《明报月刊》二〇〇五年第八期）

陈映真一九八七年在日本排练报告剧

汹涌的孤独

——敬悼姚一苇先生

陈映真

认识姚一苇先生，是在一九六○年。推算起来，那一年先生方值三十八岁的盛年，我则是二十三岁的大学生。

中学时代的学员，也是当时文学同人刊物《笔汇》的主人尉天骢兄带我去永和竹林路先生家的情景，至今记忆犹新。此前，在天骢兄的怂恿下，初写了两篇小说，刊在《笔汇》上，据说很引起先生的注意。当时半是闲嬉、半是漠然地写了发表的小说，竟而受到先生亲切而又严肃的对待，觉得十分诧异。先生在竹林路上那一幢如今早已拆建成楼房的日式宿舍里对我说过的话，今日已不能完全记忆，但还记得一个总的印象："写小说不是闹着好玩，要认真对待！"

三十年前结成忘年交

那时候，没有大报的文学奖；从来也没想过能把稿子投到林海音先生主编的《联合副刊》；和以当时的"中国写作协会"为中心的台湾主流文坛拉着不啻天壤的距离；想也不曾想过把写成的小说拿去什么地方换成稿费，做梦也不曾梦想能成名成家，却开始在天骢兄的催促下，在先生的关怀下，写了一篇又一篇短篇，在《笔汇》上发表。

大学毕业，当完兵，带着养家的寡母和妹妹，在板桥租了房子，开始教书维生的日子，已是一九六三年。安顿在板桥市四川路上的家，和先生在板桥台湾银行的办公室，只相距不到十来分钟徒步的距离。应该说是从这一时开始，我把每篇写好的小说先送到板桥台银办公室去给先生，恭请评教。也就是在这段时间，在先生的允许下，我到板桥艺专去旁听先生戏剧理论的课程，风雨无阻，不曾缺课，从此开始了和先生深厚的情谊。

刚刚写好一篇小说，带着难掩的喜悦和得意，把原稿送到办公室给先生。

"这次，写了多少字？"

先生接过原稿，随意翻动着。他的眼睛，因着一种对创作的喜悦，睁得更大一些，带着称许的笑意这样问我。

"三万多字吧。"

"写得顺手吗？"

"嗯。"

"顺手就不错。"

"……"

"写得怎么样，自己觉得？"

我摇了摇头。"不知道呢。"我说。先生于是把原稿拢在桌上，说他一定会"仔仔细细地看"。约好了下次见面的时间，我离开先生忙碌的办公室。早在六十年代初，先生一再强调他以对待中外文学古典级作品同样的方法和态度，阅读和批评时仅二十多岁的我们这一代作家的作品，其鼓励和教育上的影响，十分深远。

然而，通常总是在当天晚上，我就开始觉得懊恼。觉得小说没写好，发现小说的这里和那里没有写得更好一些。到了第二天，就觉得已经送到先生手上的小说，简直幼稚可笑，少有是处，觉得很难为情了。

殷切提携后进

下一个约见，多半是约在先生家里。由于总是在彼此下班，或者星期六、星期天的下午，也多半不免叨扰一餐饭。然而随着约见时日的临近，不安和懊恼之情也愈甚。像是一场固定的仪式那样，在用过饭后，我们坐在那一间日式房屋的客厅里，他开始细细地评说在他手上的我的小说。

"你写了一篇好小说。"

并不多的几次，先生这样开始他的评说。至今我还记得他交织着喜悦和严肃的，睁大着眼睛的、瘦削的脸庞。逐渐地，我觉得那使我数日来懊恼、羞赧不已的作品成了先生和我以外的第三者，由先生点点滴滴地增进我对于这客体化了的作品的理性认识。

在政治上极端苛严、思想上极端僵直、知识上极端封闭的六十年代，成长于狂飙的三十年代，而后东渡台湾的先生，兀自坚定地对文学和艺术持守着类若对宗教的不移信仰，并且像一个尽责的掌灯人那样，用他手中的火苗，一盏盏点亮了他身边包括我在内的几个年轻作家手上创造的烛火。黄春明、白先勇、王祯和和施淑卿的个别作品，都曾受到先生仔细的品评。回想起来，在六十年代开始写出比较重要作品的吾辈一代作家，在那苛酷寒冷的永夜，捧着先生为我们点燃的创造的喜悦和烂漫，顽强地留下了不少喜人的作品，并且由这些作品而具体胜过了一个时代的寒冷、恐惧和令人窒息的苦闷。

悒郁时代中的思想交流

一九六五年以后，先生从经由他手发表于他主持编务的《现代文学》上的我的作品，看出了我内心和思想上沉悒的绝望和某种苦痛。也是在竹林路的客厅里，先生平静地谈到了他少年遍读和细赞鲁迅的历程。在那即使亲若师生之间鲁迅依然是严峻的政治禁忌的时代，我也第一次向他吐露了我自己所受到的鲁迅的深远影响。先生向我描述了鲁迅葬礼的庄严隆重，告诉我他毕生以鲁迅告诫自己的儿子"不做空头的文学家"自惕。先生谈到鲁迅的晚年不能不搁置创作走向实践的时代宿命。"但即使把作品当成武器，创作也是最有力、影响最长久的武器。"先生说。

我激动着，却沉默不能言语。在那荒芜的岁月，这样的对话，已经是安全的极限。鲁迅把我们更加亲近地拉到一起了。在仍然不能畅所欲言的对话中，我听懂先生不曾明说的语言，而先生也了解我不会道出的思想和身处的困境。

"我看，写小说，"先生平静地说，"你的一生，最其重要的，莫过于此。"

"……"

"我知道，这些话，你怕很难听得进去了。"先生微笑着说，"但是你要写。你要写，才对。"

回想起来，先生可谓苦口婆心了。而即使在这么体己的谈话中，我也不能把自己当时的思想、行动和处境向先生打开的那一份深沉的孤单，至今记忆犹鲜。然而，当时先生怕也有更多更直接的，可以"抢救"他跟前的我的话，无法向我和盘托出罢。

像一个初学骑单车的小孩在下坡道上让自己眼睁睁连车撞上道旁的电线杆那样，一九六八年夏天，我被捕入狱。

一九六九年，我在囹圄中读到先生的剧本《红鼻子》。有谁能比一个因突然被捕、被拷讯、被投狱而失去同一切正常生活自由联系的人，更能理解先生所写的、因不可抗的原因而和外面的生活断绝关系的世界呢？我逐字读着剧本，仿佛感觉到先生竟穿过众神袖手的狱墙，如同往时在先生家的客厅那样，向我传来谆谆然、霭霭然的安慰和鼓励，使我不能不面壁屏息，抑制满眶的热泪。

对时局与政治戒慎恐惧

一九七五年被释放回家不久，以许南村的笔名发表自我剖评的《试论陈映真》。先生读后，说"读了文章，才知道老天终竟没有让他们把你毁了"。我蓦然想起几个或在狱中被逼发疯，或在出狱后因极度恐惧而惊惶丧志的人，体会到曾经在一九五一年遭错捕入狱，历半年后得脱虎口的先生对我的最深的牵挂，受到很大的感动。

如同一些和政权站得比较远，又亲身经历和目睹过国家暴力的一代怀璧东渡来台的大陆知识分子一样，先生对时局和政治保持着十分敏锐的戒慎和防卫意识。一九八七年以后，时局改观，先生开始对自己的思想和感情讲得比较多一些。

在我入狱之后，大陆"文革"正是热火朝天的一九六九年，先生受邀赴美，参加了爱荷华大学"国际写作坊"长达半年的修业。对于自一九四九年起就断绝了对大陆中国正体的一切认识的渠道，而想对"文革"大陆的实相一明究里的焦虑，使先生一旦踏上美国，就立刻搜读一切有关大陆的书籍刊物，耽读竟日，不能释卷。在兴隆路上先生的温暖的客厅中，他回忆着那一段激动的时光。

"有一些认识的朋友革命了，他们热情洋溢地弄书刊来让我读，使我想起四十年代厦门大学的时代。"先生说。

　　然而是疑虑而不是狂信在他天生理性的脑海里扩大。"这个人引一段马列毛的这一部分攻击另一个人；另一个人也引用马列毛的另外一部分斗争这个人。"先生说，"除了僵直的术语和口号，看不见活生生的道理。"在"四人帮"如日中天的时候，先生独对"四人帮"的文胆姚文元粗暴的文章起了忍不住的反感。早在一九七〇年，先生对"文革"大陆前去的道路，起了深沉的忧虑。而早在初中时代就熟读了艾思奇的《大众哲学》的先生，自然容易拨开词语的迷障，直接探求真义，揭破极左思想的虚构。

作品隐含三十年代社会主义理想

　　一九九〇年后，先生和一切认真思考的知识分子一样，苏联和东欧骤然的崩颓，对先生的思维产生了不小的冲击。熟读中外文学戏剧经典作品的先生，对于杰出的文学艺术家对资本制生产的野蛮化作用，尤其是对于人的戕害所做的控诉，知之极稔。然而，从三十年代走来的先生，眼见二十世纪社会主义思想、运动和体制的终结，无论如何总是感到很大的寂寞吧。

　　然而，在先生的戏剧创作和学术理论中，却从来没有丝毫大陆三十年代的、马克思主义的即使最稀薄的影子，而表现出力求严谨、理性的、学院的、正统主义的基调。细心的学生，也许只能在先生的论文和戏剧作品不时流露出的对于理想、爱、崇高、宽容、正义……不可假借的信念中，寻找到先生和三十年代历史相互联系的线索。

去年十一月，我丧失了一位能理解我并且长年以他迫切的祈祷为我忧心和长年支撑了我的精神需要的可敬的父亲。

现在，我又失去了一位从我的青年时代就不避祸变，以不轻易示人的另一面，安抚了我焦躁的思想，理解我微不足道的作品的师长和朋友。而蹉跎半生，蓦然惊觉自己竟也是六十初老的人，遗世孤独之感，在送别先生之时，竟汹涌而来……

（原载《明报月刊》一九九七年第六期）

陈映真（右）与陈若曦

经受大寂寞，甘之若饴

——祭黄继持文

陈映真

继持兄：

八十年代初，我初出囹圄解除了出境限制不久，在香港初识大兄。您和香港的一些朋友创办《八方》时，您对我在港的一次讲话做了深入、有见识的回应和讨论。自此之后，我虽屡次过境香港，总也没有入港与您联系，总以为近在咫尺，相会不难。

去年九月，初闻您身罹恶疾，即刻与内人专程到香港看您。十二月过境香港时，又专程入境相会，还让您执意留下我夫妇与郑树森兄晚饭。两次见到您，立刻感受到您病况凶险。然而，您仍然双目炯炯，极有精神，表现了您面对生命最后一段旅程的豁达和无比的勇气与智慧，令人惊异和敬佩。

这一段时间，电传往返，竟都以昂扬的意气商定与树森兄、苍梧兄共写一本书。我这才知道十里洋场的香港学术界，竟有您及像您一样对马列文论深有素养的知识分子。继持兄，您真不愧为一介真正的知识分子、真诚的人，从而也才理解到半生中您经受而甘之若饴的大寂寞。

　　今年一月初，我从一次意外凶险的重大手术中幸活下来，疗养病后的身体时，突然接到您谢世的消息。如果不因病体，我和内人一定会亲去香港与您告别。

　　西望云天，不胜哀思。呜呼，哀哉！

陈映真

二〇〇二年三月十日

附录：黄继持简介

　　中国香港作家黄继持于二〇〇二年二月二十八日因肝癌病逝。黄继持自一九六五年起任教于香港中文大学中文系，讲课以及研究范围以中国文艺理论与现代文学思潮为主。他曾与友人创办文艺期刊《文学与美术》《文美》及《八方》，编选有《中国近代名家著作选粹——鲁迅卷》，与人合编《现代中国诗选》。他的评论著作有《文学的传统与现代》《寄生草》等。刊于《香港作家》双月刊二〇〇一年十月号第五期《写在鲁迅逝世六十五周年》和《香港文学》二〇〇一年十二月号《历史凝视、苍生感喟、艺术取向——小说家陈映真复出之作印象记》应是他最后发表的作品。（部分资料参考刘以鬯主编的《香港文学作家传略》，香港市政局公共图书馆出版）

初识继持先生是在一九八九年的一月。香港中华文化促进中心举办了一个"文化寻根与文学创作"的研讨会，请了大陆的一些作家和学者来参加，我记得有残雪、韩少功、扎西达娃和李杭育等人。这是我第一次"实地"接触香港的文学界和学术界，是一次"启蒙"之旅，因为以前对此根本"蒙查查"一无所知。会上，宾主的言谈气度其实有明显的差异，事后回想颇堪玩味。大陆来的人无论会上会下都很能"侃"，感时忧国，壮怀激烈；香港的朋友，出于谦虚、爱心与忍耐，总是很安静地听着来宾们"云苦雾罩"的滔滔宏论，同时很坚决地"埋单"，付啤酒咖啡饮料钱。印象中，瘦瘦的继持先生是众安静者中最安静的一位。

离港前与陈平原君一起造访了继持先生的寓所。平原君出身广州中山大学，与香港学术界早有交往，去的路上我跟他恶补本地"学界指南"。在他看来，继持先生是香港"研究现代文学最杰出的学者"，著述虽不多，却"篇篇都功力深厚"。在黄府喝茶交谈，仍然是客人说得多而主人说得少。三言两语，继持先生对大陆八十年代文学的创作与评论了解之深，令我这位以"当代文学"为"专业"的人颇为吃惊。告辞时我与平原君同样获赠"重"礼，各自背了一整套《八方》丛刊沉甸甸地回北京。

继持先生主编的这套文艺丛刊，沟通海内外文坛，开拓文艺与学术视野，虽仅仅出了十二期，但将来的香港出版史，必会为之大书一笔的罢。刊名所显示的宗旨，令我想起气魄最宏大的那几句京戏唱词："垒起七星灶，铜壶煮三江，摆开八仙桌，招待十六方。"这些沉稳安静的香港文化人，大概也没想到他们在二十世纪晚期的二十年里，为中国当代文学做了多么了不起的事情。

那年回北京之后，世事剧变。一九九三年我辗转南北美洲而来，落脚香江教书为业，得到很多友人包括继持先生的支持。但平日与继持先生的交往，却远没有跟他的弟子们频密。从一众弟子的身上，反而常常能感受到一位正直的学者，其道德文章如何潜移默化。去年六月在"中央图书馆"一起开完小说双年奖评审会，去乘车的路上，继持先生跟我谈起他退休以后的计划：读书，旅行，还有两本书要写出来，等等。在拥挤的铜锣湾街头，我望着先生排队上巴士的背影，蓦然发现一向消瘦的他那天显得特别消瘦。连他自己也不知道，"肝癌晚期"这样无情的判断正在不远处等着他——那是我和继持先生的最后一面。他的一位弟子在电邮里悲痛无比，和我谈起了"学术道路"和"人间情怀"，而我感受到自己生命里某种特别珍视的东西，也无可挽回地永远失去了。

（原载《明报月刊》二〇〇二年第四期）

海峡三边，皆我祖国

陈映真

列强侵凌、国共内战和东西对峙的历史，使祖国分裂成大陆本部、台湾和香港三个社会。对于绝大多数台湾精英知识分子和言论人，籍不论本省外省，立场不论为朝为野，评时论事，大约都不能超越台湾岛三万六千平方公里的范围。他们对于世界事务的看法，往往只是"美国霸权下的秩序"（Pax Americana）标准意识形态的模糊而肤浅的翻版。对于中国大陆，即使在"解严"以后，台湾的知识界迄今没有独立、深刻的大陆事物研究。对于绝大多数台湾知识分子，大陆依旧是美国和"国府"长期"冷战"宣传中的"敌国"：危险、落后、不可信赖、贫困而对自由民主充满敌意。至于香港，除了香港比较便宜的高档商品、可口的中国菜、香港电影和明星，甚至一九九七年香港即将面对的历史转变，也很少能引起台湾知识界的关心。

我与所敬重的朋友陈玉玺，是在六十年代末，在"国府"的政治犯看守所中认识的。为人温和淳厚，好学深思，彰化县出身的陈玉玺，很快就受到押房中年轻一代政治犯的爱重。由于国际学界和舆论对于加在他身上非理的判决广泛而严正的关怀，一九七一年，他被"特赦"出狱。一九七五年我因集体减刑出狱，才知道出狱后的陈玉玺在工作、研究、生活和出境各方面都受到严苛的监管。嗣后，他历经周折，在国际学界和人权友人的帮助下，终于得以回到夏威夷大学完成博士学业，移居美国，自一九七〇年始，长期从事华语报纸的编辑工作。

这本文集所收录的，绝大多数是他在海外华文报社从事言论工作时所发表文章的精华。也正因为是这样，文章的议题显得比较广泛。然而，台湾本地出生，负笈外国，却因为了挣破"冷战"逻辑和知识系统的压抑而身陷缧绁，旋又流寓美国编报，现今设讲座于香江的陈玉玺，以他独特的知识、视界和经历，建立汇集了中国大陆、台湾和香港的焦点——一个当代台湾"祖国丧失和白痴化"（尾崎秀树语，一九七一年）的学界和言论界所失去的焦点。他以专业的知识，展望经济和政治区域化过程中的内地／大陆、港、台整合的前途，他以海外华人报人的眼界主张海外华人的民族权、政治权和人的权利；他以专业知识和爱国主义，凝视大陆开放改革过程中面临的挑战与机会；他对于重蹈某种唯发展论的中国政府，提出环境危机的严肃警告；他以台湾出身的知识分子，从香港顾盼他的家乡发展为眼界独到的议论。在八十年代初，他一连串揭发台湾政治监狱内幕、呼吁释放台湾政治犯的文章，终于使五十年代初被捕的终身政治犯回到故乡和亲人的怀抱。他对于处在"国府"和中共之间的民进党，给予坦率的批评、无私的关切和公正的代言……

陈玉玺这种"海峡三边，皆我祖国"的胸襟、眼界和识见，在当前历史阶段中台湾知识界奇异的"祖国丧失和白痴化"的时代，显得特别突出。当内战和"冷战"的历史开始重组，当民族团结和国家统一的课题提到我们民族的进程，当大陆、港、台的整合与发展已成为不可逆反的趋势，台湾出身的知识分子陈玉玺以大陆、台湾和香港的交会为焦点的视野，提供了对问题的丰富而有启发性的向度。当混沌过去，历史的天空重现晴朗，但愿后世的青年会说："好在我们在那个时代的言论人中找到了陈玉玺，否则我们该如何去理解那丧失了祖国的历史时代？"

陈玉玺的文章和他的人一样，温煦、淳厚、思路清晰，富有令人折服的知性。然而这个原是被七十年代台湾非理的政治逼走他乡异国的知识分子，由于工作和生活的关系，他的文章都发表在美、港两地的华文报刊上，岛内的知识圈和言论圈甚少读到他犀健、独到而鞭辟入里的文章。人间出版社有幸能出版陈玉玺自选的头一本文集，和读者一样感到喜悦，是敬以为序。

（编按：本文为台湾知名作家陈映真为陈玉玺博士所著《民族分裂时代的证言》一书所撰写的序文。）

（原载《明报月刊》一九九一年第七期）

冬夜陈映真读台湾少数民族知青刊物《高山青》

文学是对自由的呼唤

文学是对自由的呼唤

——获颁花踪世界华文文学奖感言

陈映真

鲁迅、茅盾、高尔基、托尔斯泰和契诃夫等作品的情节、人物和语言的记忆，在囚系的岁月中给了我力量和心灵的自由，至今难忘。我于是体会到文学是对自由的呼唤，而文学本身也是自由的本身。文学为什么？我从自己的经验中体会到，文学为的是使丧志的人重新点燃希望的火花……

今天，我从台湾来到马来西亚的吉隆坡，获颁《星洲日报》"花踪世界华文文学奖"，感受到不曾有过的激动、喜悦和荣誉。因为作为一个中国作家，作品受到包括祖国大陆、台港澳、东南亚、北美、澳纽和世界其他地方的中华世界透过华文共同语阅读，受到评价和鼓励的喜悦和荣耀，远比在欧美世界受到的评价觉得更有意义，更高兴、更光荣。

特别值得提到的是，很长一段历史时期以来，马来西亚华人以动人的毅力、物力和心力，坚持艰难而认真地进行华语教育。这些苦心所培育出来的新一代马华作家，在今日台湾表现了令人十分注目的才华，发表了非常优秀的作品。我很高兴能来到那些活跃在台湾的马华年轻作家的故乡，向培育了杰出马华文学的无数大马华人先进和教师，表示由衷的敬意！

独特而开放的汉语文化圈

所谓华文文学，说的是以汉语写成的文学。

而所谓汉语，据研究，是介乎于以傣族语为代表的南方农业民族语言和以阿尔泰语为代表的北方畜牧民族语言之间的、混合南北两种不同民族生产方式的语言。由于在历史过程中，多种语言与以殷、商周语文为主的汉语同化，反而产生了旺盛的生命力，形成支配了东亚两千年、以汉语为中心的"汉语文化圈"，包括了韩国、日本和法国统治前的越南。这个大文化圈以汉语为根柢，形成了一套独特的文化、思想、典章、制度和文学。而所谓的汉族，是被这汉语文化圈不断同化的诸民族所形成，其文化概念远远多于民族血统的概念。因此，自古以来的中华世界，是个相当开放的世界，不以民族血统区别，而以礼教、王化、德化，即对于以汉字为基础的中华文化之理解与浸染的程度来区分，形成汉语世界强大持久的向心力。

到了今天，随着汉族自十九世纪因经济、政治、战争、教育原因和动力，不断向全球扩散，大大扩大了以汉字为主要语文的文化共同体。

而文学既然是语言文字的艺术，中华文学对于精练、丰富、提高和发展汉语，从而促进以汉语为根柢的中华文化的繁荣发展，有根本性的巨大贡献，这是不言可喻的。

在二十一世纪开端的今天，全球化的趋势势必带动更多华人在全世界超国界地迁移。如果中华文明发展的全过程，原就是不同民族在以华文也就是汉语为基础的文化为主轴混合、迁徙、互相吸收、互相丰富的过程，那么今日更大规模的迁移——洋人说的 diaspora 和多文化的混合（hybridity），就只能使华文文化圈更开放、丰富、扩大、发展和更具创造力。

不要丧失自己的主体意识

台湾在二十世纪五十年代以后和大陆八十年代以后，五花八门的西方文论在两岸相距三十年的文坛上起支配作用。到了九十年代，各种后现代、结构主义、解构主义和所谓文化研究的风潮，同时席卷了两岸和广泛的世界华文文学界。

我们应该记得，一百五十多年前，汉语、中华文学、文论及思想曾经长期支配过日本、韩国和越南，但都经过他们自己本地化、主体化的再生产过程，依自己的需要加以吸收。

今日世界华文文学，自然没有必要排斥当代西方来的各种思潮、文论和文学作品中比较合理的部分，但也不能没有华人文学世界自我主体性的再生产，以批判的态度吸收，以"拿来主义"为我所用，而不只是跟别人亦步亦趋、鹦鹉学舌。

中华世界的华文人口占全球人口四分之一。在这庞大的华文文化世界中，让我们建设一个开放性的，敏于吸收、丰富和发展的世界华文文学公共领域，互相交流、互相奖励，激发创造实践，而不是终日坐待欧美学园、文坛的评价与青睐，丧失自己的主体意识。我们要努力以中华世界的华文读者为首要对象，创作杰出的作品，受到华文世界的广泛评价和爱读，则在世界文学中也必有不朽的地位。托尔斯泰、高尔基和契诃夫都不是用英语写他们小说的，而是用他们的母语——俄罗斯语写成的，却依然至今光耀全球。

文学本身是自由本身

在我二十岁前后，我偶然在一条旧书店街，闯进了被"戒严"体制严禁的大陆三十年代文学的禁区。我读了鲁迅、茅盾、巴金等人的小说，在我的心中点燃了向往人的自由与解放的火焰。一九六八年入狱，鲁迅、茅盾、高尔基、托尔斯泰和契诃夫等作品的情节、人物和语言的记忆，在囚系的岁月中给了我力量和心灵的自由，至今难忘。我于是体会到文学是对自由的呼唤，而文学的本身也是自由的本身。

文学为什么？我从自己的经验中体会到：文学为的是使丧志的人重新点燃希望的火花，使仆倒的人再起，使受凌辱的人找回尊严，使悲伤的人得到安慰，使沮丧的人恢复勇气。

末了，请容许我把今天得到的荣誉献给分裂的祖国两岸，以及全世界华文文学界勤勉、卓有才华的作家们。

我感谢培养了我的挚友尉天骢先生和他主编的《笔汇》《文学季刊》等文学同人杂志，我也纪念和我同一代的黄春明等作家同人。

当然，我也把今天的光荣献给我的妻子陈丽娜女士，感念她长年来的理解、支持和照顾。

再次感谢《星洲日报》"花踪世界华文文学奖"给予我的鞭策和鼓励。

谢谢！

（本文题目及小题为编者所加，原载《明报月刊》二〇〇四年第二期）

陈映真（左）与台湾文坛泰斗巫永福先生

民族分裂下的台湾文学：台湾的战后与我的创作母题

陈映真

　　陈映真"我的文学创作与思想"讲座于四月十二日假香港中央图书馆演讲厅举行，数百名文学爱好者出席了讲座。该讲座由香港公共图书馆、香港浸会大学、《明报月刊》、香港作家联会合办，由明报书会协办，并邀请香港浸会大学文学院院长钟玲、《明报月刊》总编辑潘耀明主持讲座。陈映真从"台湾的战后"和"创作母题"两个角度谈论了台湾近六十年的历史及他自身的创作经历，现本书经陈映真授权，刊出主要内容，与读者共享。

——编者

　　我一向不愿讲自己，最大原因是读过几本书，深知自己作品远不及其他杰出的作家，没有什么好谈的。不过客随主便，事不得已，只好应主办单位邀请讲几句，不过请允许我把讲题改为"台湾的战后和我的创作"。

台湾的战后历史纷纭复杂

我创作的主要母题并非来自灵感，而是与战后的台湾社会生活有着密切联系。

第一个重大纪年是一九四五年，台湾光复。留给我最深刻的印象是普天同庆、敲锣打鼓，台湾人民争着学普通话，学 b，p，m，f 这些普通话注音符号。当时，少数几个外省人来到我们小镇，他们穿着布鞋在日本宿舍的榻榻米上走来走去，妇女们交头接耳地传说：外省人很疼老婆，还会做家务、做饭。这时，许多被日本人征兵去南洋打仗的台湾人回来了，也有战死南洋者的骨灰被运回来。这些记忆难以忘怀。

第二个纪年是一九四七年，发生了著名的"二二八事件"。按照现在的刻板说法，"二二八事件"是外省人欺压本地人、本地人反抗而遭到镇压的事件。我清楚记得一位外省人被打断脚踝、鲜血淋漓的情景。当时很多本地老人家都看不过去，批评打人者只敢打善良的外省人，而不敢打从外省来到台湾的贪官污吏。我记得当时到处散发两种传单，一种是图书传单，画面中人手握杀猪刀，劈向肥肥的象征着外省人的猪。另一种是文字传单，号召大家不要乱打外省人，要同"好的外省人"团结，争民主、争改革。我还记得，事件中有几个被日本征兵到南洋打仗的复员的台湾人穿起日本军服，在街上一边行走一边唱日本军歌，现在想起，仍然伤怀。其实如果将"二二八事件"放到历史大背景中去看，就不会得出外省人欺压本地人的结论了。当时全中国各地都在镇压反独裁、争民主、争和平建国的民主运动，而并非台湾一地。

第三个纪年是一九四九年，发生了"四六事件"。当时北平已经解放，解放军即将渡江。台湾的左派学生以歌咏、油印刊物等活动展开"学运"。陈诚镇压了学运，台大和师院逮捕了二百多人，揭开了白色恐怖的序幕。年内，台湾颁布了"戒严法"等一系列反共安全法令，反共的安全体制成立。

第四个纪年是一九五〇年六月二十五日韩战爆发，当时国共内战与东西"冷战"两重结构支配了战后台湾的意识形态、文化、文学。这期间，台湾于一九四九至一九五二年进行了农地改革，半封建的地主阶级与佃农阶级从台湾社会舞台上消失。

第五个纪年是一九五三年中共地下党被瓦解。中共地下党一九四六年来到台湾，一九五〇年上半年被摧毁，余党继续斗争，至一九五三年被彻底摧毁。当时有四千至六千人被枪毙，八千人入狱。

第六个纪年是一九六〇至一九六五年。台湾作为美国的东亚"冷战"战略前线接受经济援助，外来资本与本地资本结合推动工业化，资金、技术与市场日益依赖外国资本，同时也造成了台湾文化上的依赖性，是文化"冷战"、意识形态"冷战"的产物。台湾的大学成了美国高级的预备教育，留美返台的亲美反共知识分子占领了台湾各个领域的制高点，文学上也相应出现了所谓新殖民地化。

再往后，一九七二年台湾被逐出联合国。蒋经国去世后，一九八七年李登辉继位，推动"去中国化""反中国化"。再之后，二○○○年陈水扁建立起第一个主张"台独"的政权，直至刚刚结束的台湾大选，国民党面对四分五裂和泡沫化之劳，台湾开始面对民进党长期反动统治的局面，我们正面临着受到"台独"政权长期化统治的严峻挑战。

创作母题来自战后生活

讲完了大势，顺便稍谈我的作品的母题。

第一个母题是描写一个人怀抱某种理想，受到挫折，郁郁而终，莫名其妙地死掉，如《我的弟弟康雄》等。这个母题的形成，是由于我二十多岁时，鲁迅等人的作品影响了我的思想，也影响了我一生的命运。第二个母题是台湾一九四七年的动乱及为日本打仗的台湾兵的返乡，《忠孝公园》《乡村的教师》等即描写此方面题材。第三个母题是二十世纪五十年代白色恐怖中仁人志士的命运。这类题材有两个来源，其中一个是我自己一九六八至一九七五年入狱，在狱中直接面对政治犯，听他们讲红色五十年代活的历史。一个人与历史的关系非常重要，历史不是概念，而是一种运动、生活，是生命的传承。于是一九八三年我写了《山路》等作品。第四个母题是关于民族分裂和反目，外省人与本省人的关系，《将军族》《第一件差事》等皆属此方面之作。第五个母题是知识界与思想界的殖民化，如《最后的夏日》《唐倩的喜剧》

等。第六个母题是台湾的大型跨国公司员工的生活与心灵的变化，如《上班族的一日》等。

我还写了一篇报告文学《当红星在七谷林山区沉落》及一个剧本《春祭》，后者在台湾艺术馆公演，观众非常多。

我们处在民族分裂的时代

我与我同时代的台湾人、香港人、大陆人，活在战后"美国制霸下的世界秩序"（Pax Americana）的大架构中。在这个大架构中，我们的民族分裂、对立了。我们面对一个权威政治的统治。面对"美国制霸下的世界秩序"的一生，你是迎接它呢，还是超越它、克服它？这形成了不同的人生观和世界观。

我将我所处的时代定位为民族分裂的时代。用这样一种自觉来从事和面对创作，那么我的主张不言而喻：排除外来势力支配、追求自主化的民主统一。我的统一论与一般国民党的国粹统一论又有不同，我不讲"禹汤文武周公"的直统论。台湾左派的统一论，是恩格斯关于被列强瓜分的波兰必须统一之论的引申。

我们常常感觉到台湾形势的严重性，从这次选举看到，台湾的民主化在前两三年被传颂一时，但在这次选举中完全幻灭了。在"美国制霸下的世界秩序"结构下面，民主化不能达到一般民众的真正民主化，而形成被政客炒作操弄的民主化。

有人问到台湾作家中倾向"台独"的占优势还是倾向统一的占优势，我觉得从数量上讲，主张"台独"的作家比较多，不但人多，而且资源丰富。有很多"台独"派作家，当上了"总统府资政"什么的，封官晋爵，不得了，一个月几十万新台币。可是文学跟学术一样，光靠人多势众没有用，要看品质。感谢上苍，他们在创作上能够过关的真不多，否则再加上他们丰富的资源，我们"统派"就没有好日子过了。我觉得文学比的还是文学成就，不能说人多势众、敲锣打鼓喊口号，就是谁家的天下，没有这回事。

　　我的统一论很简单，不完全来自我们都是炎黄之胄、夏商周、秦皇汉武，而是来自深信一个国家受到外来势力干预而形成的互相对立、反目、憎恶、仇恨的状态应该加以克服。一个分裂的民族是一个畸形的民族，是不完全的民族，是一个生病的民族。我们这个民族，不管是哪一党派，都应该尽力克服民族反目的基本因素，最终达成民族团结和民族统一。

（本文大标题、副题、小标题为编者所加，

原载《明报月刊》二〇〇四年第五期）

一九八五年三月五日陈映真先生致潘耀明信

小潘：

来信收到了。

对于你学习的精神，我真是越来越佩服。

我需要的书，是有关出版经营方面的书。例如，怎样做出版计划？怎样做出版市场调查？怎样做预算，怎样组织出版社？出版广告的管理，出版品之行销管理，出版品的艺术设计，等等。此外，办杂志时，怎样做投资计划，怎样做市场调查，怎样做编辑计划？编辑工作上的组织、流程、管理，杂志广告怎么做？杂志之行销工作和管理，等等。您为我寄来的书，似乎偏重在美术印刷，当然对我有用，但我关心的是整个出版、印刷之管理。这方面的书、文献和你现在学习有关，请你问问教授，为我再寄，书款我会设法寄去给你，谢谢你。

今年旧（农历）年年假，我开笔写华盛顿大楼之五，小说尚未写完，题目未定，希望能在三月中写完。

小潘，一定要努力用功。我们中国的出版也应该现代化了。台湾的出版管理也一直很乱，没有现代化。

我问过沈登恩，他说书在香港，你没去取罢了。他会直接与你联络的。匆此，祝客安。

弟　　映真

一九八五年三月五日

陈映真（左一）与杨逵、黄春明

我是属于反思、检讨型的作家

论强权、人民和轻重

琳达·杰文访问 禾心译

编者按：

本文原载于香港《亚洲周刊》。三月号的《明报月刊》进行译载。

在他四十四岁的生涯中，作家陈映真对于台湾生活的诸面体验，要比绝大多数其他人所体验的还要多得多。他当过教员、多国籍公司的职员，也曾经是被控叛乱、在牢里关了七年的政治犯；陈映真不仅是周遭世界的一个敏锐的观察者，也是周遭世界各种事物的参与者。这一点，在他细致地写经济繁荣的光亮表面下的疏隔和不安的许多短篇小说中，尤为明显。这就是他目前正在写的一本书《华盛顿大楼》的主题。《华盛顿大楼》是一本小说集，讲述台湾大企业结构中人的内面的生活。陈映真强调：传统文化和现代化之间的矛盾，是整个第三世界人民面临的共同问题。他并且呼吁全亚洲国家中感时悯人的艺术工作者和"有良知的西方人"，应增进相互间的沟通。

亚洲传统与西方物质主义

琳达·杰文：你写《华盛顿大楼》的动机是什么？

陈映真：对于亚洲人来说，在一个多国籍公司工作，是个极为特殊的体验。多国籍企业在亚洲的存在，不仅影响了这个地区的经济，还深刻影响着这个地区的社会。当外国人在这个地区投资的时候，他们所带来的是一整套价值、经济和文化的观点。许多亚洲优秀的青年被组织到这些国际经济中，也深刻地影响着这个地区的社会。当外国人在这个地区工作时，直接与伦敦、纽约、东京联络的满足感和兴奋感，给予他们一种成就之乐。这些青年人如果生在别的国家，可能会去参与政治，但第三世界的政治空气使得青年人在政治上找出路这件事成为困难而不便的选择。但是，当这些外国企业为当地较具进取心的青年提供出路时，它们同时也成为灭绝当地文化的威胁。

琳达·杰文：你以为多国公司蓄意毁灭当地传统文化到什么程度？

陈映真："行销"（Marketing）已经成为越来越具威力的科学了。它志在将一套特殊的消费文明强加于人，并且经由广告、电视剧和群众性的行销计划、行销管理，使每一样产品变得无法抗拒，使人民心甘情愿地舍弃他们原有的生活方式——以及价值体系——来获取商品。这是现代化的自然结果。这样说，并不意味着"行销"是一种不轨的恶行。然而，亚洲地带传统的文明和价值对于西方行销活动的挑战毫无防阻之力，这是一个事实。当然，我也认为不是传统文化中每一样东西全是好的，但其中的确有一部分是弥足珍贵的。我们绝不能以亚洲传统之价值去换取西方的物质主义，不论它看起来多么甜美，也不论西方的生活看起来多么舒适。

琳达·杰文：那么，你认为要怎样去保持传统文化中的东西呢？

陈映真：在过去，认出外国压迫，不是一件难事——他们身上带着枪杆子。但是就台湾而论，举例说，虽然日本人已不再占领台湾，但他们依然在台湾有支配力量（美国也一样）。古典的殖民主义有一张较易辨别的嘴脸。今天我们面对的，已经不是作为强权的压迫。第三世界的知识分子，负有批判地评估自己的传统文化、对传统文化进行再认识的责任。

回到人民中去

琳达·杰文：那么他们该怎么做呢？

陈映真：第三世界的知识分子应该回到人民中去，成为他们的一员。玛哈答玛·甘地理解到这个问题。当他在西方的时候（在印度本土也一样），他看见印度知识分子（学英国人）喝午茶、穿西服，等等。他们的眼睛，被训练得只会翘首西望，但甘地却注目于他自己的人民。当然，认识并撷取西方文化的精华，也是我们的任务。对于托尔斯泰、杜斯妥也夫斯基这样伟大文学家的心，我们可以全然加以崇敬，但当我们实际上写作的时候，我们应当写我们身边的世界，写我们身边的人民所想的、所做的和他们所需要的事物。我们应同他们认同起来。

我们也应该去认识其他第三世界国家的作家，同他们交流彼此的见解和体验。在西方，许多作家沉溺于写人的内在的、心理学的诸问题，人与人的关系、性，等等——即富裕社会中人的孤独感。但是，我们第三世界里的作家，另有我们要关切的问题。我这样说，并不是我们第三世界的作家比较道学、神圣。不是的，我们也是人啊。我们也爱，也感伤，等等，但这些不能成为我们写作的焦点。我们最关切的是这些迫人而来的问题：国家的独立、政治的改革和人的解放。我因此特别崇敬目前中国大陆上批判体制的作家们。他们的笔下，莫不是切关中国民生的大事。如果有人从技巧观点说他们的作品不够好，那又怎样，重要的是他们写的内容、思想啊！技巧的问题，一下子就可以赶上了。

琳达·杰文：你以为描写乡村和小人物的"乡土文学"合乎你所说的文学的目标吗？

陈映真：从开始到现在，"乡土文学"一词便带有强烈的政治气味，因此我们无法抛开它的政治性而对问题进行诚实的讨论。因此，很不幸地，对"乡土文学"问题的许多反应，是政治性的。"乡土文学"的第二个问题，是它竟然逐渐成为一种写作上的流行，失去了它原有的活力。不论有没有那个感情，很多人想要写"乡土文学"。于是他们去读黄春明的小说，收集一些乡村生活的材料，并且为故事中的主人翁起个例如"阿财伯"这一类的名字。这样的"乡土文学"，是浅薄的。这些小说比起福克纳的成绩，就不如了。福克纳有关美国南方的小说，一方面有地区乡土的风情，一方面又表现了人类普遍性的重要问题。坦白地说，"乡土文学"确实有很好的发展前途。但是（对自己求全地说），到目前，我们自以为还没有写出堪称（伟大）的杰作。

琳达·杰文：台湾"乡土文学"的根源在于对日本统治的抵抗，为什么竟遭到国民党的嫉视呢？

陈映真：坦白地说，对于"乡土文学"家，国民党所做的反应不免太匆促、草率，太狐疑了。为什么？有道是"一朝被蛇咬，见了草绳也惊叫"。由于国民党过去与共产党相处的经验，"乡土文学"和"台湾独立"运动（以及左派运动）联系起来。当然，这样一来，也使一般人民产生一种过度反应，他们认为：国民党不喜欢的"乡土文学"，一定是好的文学。这也造成对于"乡土文学"较为肤浅的理解。

和第三世界认同起来

琳达·杰文：你对台湾文学，有什么看法？

陈映真：三十年来，在台湾，文学的研究并不理想。出于政治上的顾虑，台湾完全禁绝了三十年代的大陆新文学。许多台湾的青年不知道鲁迅是谁，这就如同一个美国知识分子不认识海明威之类的名字一样荒唐！尤其甚者，台湾人对外国尤其是美国文学反而是耳熟能详。外文系的学生对美国作家的名字或者他们的作品很熟悉，因为学校要考嘛！可是，这些文学青年对他们近邻各国的文学知道多少呢？一无所知！我们真应该介绍韩国、菲律宾、泰国的作品，因为我们同他们面对着同样的情境，"通过彼此的文学作品"可以相互学习。

琳达·杰文：台湾文学有没有它独到的文学特点？

陈映真：我想是没有的。我对于怀着台湾意识的（正直的）人们，抱着尊敬和同情的态度。我自己就是台湾人，但不同意那想法。例如：他们强调大陆文学与台湾文学的不同。台湾（文学）和大陆（文学）并不像英格兰（文学）和爱尔兰（文学）那样存在着醒目的不同。爱尔兰有他的异族传统，历史发展也迥异于英格兰。英、爱的文化，各自独立发展了几百年。这种情况，和我们就绝不一样。

在世界文学的全局中，台湾应该和世界认同起来。（从某一面说）台湾的"乡土文学"，从作品的力量和内容上说，比不上菲律宾、韩国和泰国的（某些批判意识强烈的）作品。他们这些作家看来真正懂得自己在写什么。老实说，我们台湾作家有那种理念水平的，并不多见。我们这儿有不少作家，可能都是好作家，人也很好，但却不一定都是敏锐的思想家。但是你不能责备他们，因为，好几十年来，台湾一直缺少自由的思考。台湾的作家绝不是二流的，只要条件改善，他们会写出越来越好的作品。实际上，有一些年轻作家正在往这条路上走，他们开始投眼于现实，一旦发现问题，他们就抗议。

琳达·杰文：这若干年来，你的看法有什么改变？

陈映真：十多（二十）年前，我是个激进派。当时，我从中国大陆的各种发展中去找各种问题的答案。对于穷困的国家，对于第三世界国家，选择是一件难事。人们要一排冒烟的烟囱，告诉他们环境污染云云，他们却充耳不闻。

其他第三世界也有相同的情形。人民较多认同于自己的传统、历史和文化，而不是认同于一个政权。一个政权对那文化（和人民）是好的，那政权就会受到拥护；但如果一个政权离开了人民，只会使人民更疏远它，失望于它。

（原载《明报月刊》一九八二年第三期）

陈映真（右一）与友人一起

我是属于反思、检讨型的作家

——专访陈映真

潘耀明 访问

前言

    笔者与陈映真先生的认识是在一九八三年秋，是年我应邀参加美国爱荷华"国际写作计划"，受邀请的台湾作家除了陈映真，还有七等生。在陈映真离开爱荷华的前夕，即一九八三年十一月十一日，我在我们下榻的五月花公寓，对他做了一次深入的访问。这一访问未能及时整理出来，因公私两忙，直到多年后才成稿。

    陈映真先生是严于自剖的作家，在这篇访问记内，陈映真对自己的作品、对自己所走过的人生历程，做了一次全面的反省。此外，他对创作上的"概念先行"的见解，对台湾现代派的修正看法，对现实主义再解放的探讨，对台湾现代文学的路向、发展的瞻望……饶有新意，其中不乏新颖的见解。

属"概念先行"的作家

潘耀明：您过去曾以许南村的笔名发表《讨论陈映真的作品》，提到您的创作大概分两个阶段，可否就这一方面谈一谈？

陈映真：我讲很坦白的话，在我一九六八年入狱以前，我的写作范围很少（窄）。我的意思是说，我只是在一小群朋友里面，自己写，自己看，我从来没想到自己将来有一天得奖和觉得自己是一个作家。当我从监狱出来以后，才发觉自己被人讨论，与此同时，黄春明、王祯和的小说也是被议论的对象。以后的作品，我较倾向理性。

潘耀明：您曾提到《将军族》之前的作品是比较感性的东西，属于热情的拥抱，理性分析不够，直到后来，您才加强对理性的分析。

陈映真：对这个问题——我的想法不一定对，我想我是属于"概念先行"一类型的作家，这在我出狱以后更明显。我对文学的哲学观点，是言之有物，倒不是有否载道的问题。我这一做法不一定对——有些人反对这样的做法，但这是我的想法，对不对是我的事情。特别是我出狱以后，理性的成分比较高。

潘耀明：您的《华盛顿大楼》可能过于理性化，特别是后半部，给人以图解的感觉。

陈映真：对我这一方面的趋向，一般的反映，有肯定的，也有觉得我这样做，失去了我早期文学的艺术性的。我个人对这个问题的看法是这样，我认为艺术性的东西不是你可以照顾到的，我要写艺术性很高的东西，不一定就有艺术性，还要看你客观写出来的东西，是不是具有艺术性。我为什么有这样的想法呢？这是因为我读了蛮多的文学史和文学评论，所得的印象是你说我是为艺术而艺术，我是艺术派，但从客观上评价它，你的艺术性并不高，还不是个艺术性的作品，这是第一。第二，我们可以看到，有另外一种作家，即"概念先行"的作家，我们随便举个例子，像萧伯纳，他是一个费边社会主义者，在他的戏剧里面，表现着他的概念，问题是他的才华很高，他的概念式戏剧，不但能读而且能演，而且演出来的效果很好。比如卓别林的电影，也属于概念化，你不能说他艺术性不高，反而是艺术性高得不得了，每个人都很投入，很惹人笑，笑完后令人感到那么一股悲伤。这是有意思的作家，对不对，是有思想的戏剧工作者。第三个是"东德"的剧作家布莱希特，他也是个社会主义的作家，从文学批评上来说，他常常"犯规"。时下一般的戏剧，设法使观众投入，最好让观众忘掉这是在演戏，可以感染到舞台上的哭笑，而布氏恰恰相反，他不断打破这戏剧性的幻觉，不断地让他的主人公和观众讲话，这就是破坏，可是他的戏剧还是非常好，因为他是艺术家，他手高嘛。我的问题在于我的才华、我的技巧还没有那么好，所以，人们不习惯于看这种有思想的、言之有物的作品，读者不习惯，这不是说我的想法错误，而是我的手不够高。我不想因为有这样的反映，而去放弃我这种写法，直到哪一天，也许我自己觉得我不想写了，我才改一个方法，现在我还是这样的对文学的一种想法。

创作上要求飞扬

潘耀明：您提到的文学家就是思想家，俄国十九世纪末就产生了一批这样的作家。我觉得《将军族》相当感人，不仅仅是爱情故事，而是有且具有相当的象征意义，但从思想的深度来说，还是有局限性。而《华盛顿大楼》的《云》，是比较成功的一篇，《万商帝君》在艺术上显然有较大的缺憾。我觉得《万商帝君》是长篇小说题材，您对跨国公司的了解很深，但似乎缺乏艺术的提炼……

陈映真：这个问题我提出两点补充，一个是我现实生活的局限性，我没有办法有一个长期的写作时间，我为了生活花掉的时间太多，我都是上班回来以后写的，然后是请假一两天写的，老实说，《华盛顿大楼》中很多都可以发展为一个长篇，但很多条件都不允许我把它发展为长篇，除了我才能限制以外，还有我自己生活的限制。第二个是我是属于反省和检讨型的作家，检讨的结果就是说我有一个错误倾向——囿于严肃的现代主义，这个错误我是在看到拉美的小说以后才发现的，并且得到启示。我们中国的现实主义传统太严肃、太愁眉苦脸，令人心情沉重。运用的语言也好，思考的方式也好，使得它幻想的部分或联想的部分或创造部分受到局限。像最近诺贝尔文学奖得奖者马奎斯（即马尔克斯——编者注）的小说，他就是非常飞扬，你不能说他是乱写的，但是他的作品，不仅有思想，而且具体参加了革命事件，他参加了地下组织的斗争。这给我很大的启示。一个作家有思想性非常重要，这是基本条件，有思想以后，才能对于人跟社会的关系问题、人跟自然之间关系的问题，有一套哲学性的认识，没有这个，就不能成为作家，至少不能成为很大的作家。拉美的作家除了具斗争经验、具有思想性外，他们浪漫的气质，再加上相对落后的拉丁美洲的各种各样的传说、巫术、迷信，他们的作品才显得饱满。轮到我们的中国作家，可能把以上那些传说当作一种落后的东西，是迷信，是我们文化里黑暗的部分，影响人民不去面对现实，影响斗争性。拉美作家却不一样，拉美作家在政治上的遭遇是非常严酷的，写出来会被关、被抓起来、被杀头，可是他就采用民族传统，写些鬼话，使独裁者没有办法抓到他的毛病。相反，因充分地、优秀地使用他们民族传统、迷信、巫术的传统，让一个作家的想象力飞扬起来，可以上天入地，使作品又活泼又好笑，那就不一样了。

曾受新文学的影响

潘耀明：我觉得您与其他的一些台湾作家不一样，从您的作品，可以看到您除了受西洋文学的影响，也受到大陆新文学的影响和熏陶，而其他作家更多的是受西洋文学的影响。

陈映真：我在很年轻的时候，读西洋文学，也读大陆三十年代的文学，这很重要。那时候我就知道，真正的文学应该是怎样的文学，应该有思想，有内容，因此，我跟同时代的作家不一样的就是，其他的朋友，有历史断层——台湾的文学教育是历史的断层，因为政治上的因素，台湾禁止三四十年代大陆的文学，这是一段空白。台湾的文学青年，没法从三四十年代作品到"五四"的文学接上头，更谈不到影响了。因为他们的文学素养是完全从西方影响而来的，他们接受了当时很流行的现代主义、前卫主义、学院主义的东西，这些人差不多成为台湾五十年代到六十年代的现代派生力军。我因为读过三十年代的大陆新文学，虽然也读过不少西方的东西，有人说我早期受现代派技巧上的影响，但批评现代诗在台湾我是最早的。另外我懂日语、英语，使得我各方面可以读得多一点。我想，第一个是三十年代文学语言对我的影响，如"伊"等，在我早期的作品中就有出现。第二个还有日语的影响，日语有它特殊的构造，所以我有的句子很特别。第三个是英文的影响。这三个影响使得我和同时代的人不一样。我一直强调这些不一样，不是我有才华，而是我的背景不一样，认识方面的背景和阅读的背景和别人不一样。

十一层《华盛顿大楼》

潘耀明：您觉得一个成功的中国作家，应该具备什么条件？

陈映真：中国作家的问题，要作家多用功，这不一定是读书，至少要做点调查研究。

潘耀明：话又说回来，《华盛顿大楼》您只写了第一部，您下一步的计划是什么？

陈映真：我初步的计划是写完这个大楼。对这个大楼，还要再写十层楼，甚至十一层楼。每一层楼就有一间公司，到目前为止，我都以外国公司为背景，现在计划中还应该穿插几个民族资本的公司。

潘耀明：您对这一系列的构想是怎样的，是否可以谈一谈？

陈映真：构想是每一层楼都有一个企业，而我则来研究企业里人的问题以及企业对台湾的影响，最后构成一个个的故事。以前小说出现过的人物，都可以在那里来来往往，最典型的是退伍军人，老的退伍军人，我把这个老人的心情，他的过去跟现在，把各种人物混杂起来写，这是第一个。第二个我可能在第二部里面写一间公司里面比较下层的人物，一个 office boy，一个下层的职员。此外，我可能会写一些比较正面的人物，虽然他们受教育不多，但他们有一个比较健康的形象。我还未拿定主意，大概我希望第一期写四层楼，第二期也写四层楼，计划里可能有三部，我希望能按我的愿望完成。我现在的问题是，很想赶快解决生活问题，在我这个年龄，我已经花不起时间，特别是把时间花费在生活上。我如果还是三十八岁，把计划搁置三五年也没有关系，但生活本身也是个锻炼，我现在已经四十六岁了，再拖下去会影响我的创作力，所以我希望短时间能解决这个问题。

潘耀明：您已着手在写《华盛顿大楼》的第二部了吧？

陈映真：还没有，有几个故事在酝酿，还要读点书，还要搞点研究。

潘耀明：估计什么时候全部完成？

陈映真：这很难说，这跟我生活问题有关。

潘耀明：您似乎还有另一个较大的写作计划，即以五十年代台湾为背景的小说系列。

陈映真：另外的主题就是《山路》《铃铛花》这个系列，这个系列不会很大，但还有很多东西可以写。我想对台湾五十年代做一回顾。

潘耀明：为什么您会做这样的回顾呢？

陈映真：因为我认为中国的革命，是跟当时很多左倾，或比较进步的人一样，是无懈可击的，但从革命带来的问题看，全中国的文学家应该反省，为什么会这样？这些人牺牲的意义是什么？在那个时代，有各种各样的问题，应该从各个角度来讨论。其次我心中有个愿望，就是想写台湾少数民族的小说，他们的遭遇，他们的现状。我一直觉得台湾的汉族，对少数民族太过干涉，应该尊重他们的生活。这一点我还要做点调查：去了解他们的生活，去了解他们的思想感情。希望在我个人生活问题基本解决以后，多读书、旅行、写笔记等。

对现代派看法的修正

潘耀明：台湾本地的文学，应该成为中国文学的组成部分。

陈映真：我也是这样想的。台湾文学，如果从写作方式、语言、历史、主题来讲，都是中国近代和现代文学的组成部分，这是毫无异议的。

潘耀明：您过去对台湾现代派文学的抨击不遗余力，您觉得现代派在台湾的生命力如何？

陈映真：我对这个问题的想法最近有个修正。我过去对台湾现代派文学采取超然的态度，有点矫枉过正的否定。我想台湾作家里面没有一个像我这样持续性的对现代派、现代主义的批评者。批评并不是没有道理，因它的影响太大，整个五十年代到六十年代，二十年之间，西方现代派的文学在台湾占支配地位，在台湾文学里看不到台湾的生活、感情、思想。你随便找一部，说是翻译过去的，人家也不会怀疑，所以我很反对这样的文学，这是逃避现实，完全没有民族风格，表现不出台湾的生活。可是我现在反复思考，特别是我和第三世界的作家谈过以后，我了解到因为五十年代、六十年代美国的国力太强，所以随着国力的膨胀，现代派、抽象派、前卫派到处泛滥，菲律宾、非洲，刚才提到的马奎斯，他也写了很多现代派的东西。问题是我们的台湾作家，没有一个思想基础，所以他不能够把这二十年的现代派东西消化，变为为我所用。据我看，拉美的东西有很多现代派的技巧，再加上他们民族传统。对台湾现代派这个问题现在要重新评估，过高地评估现代派是不对的，像我过去一样采取完全否定的态度，恐怕也要修正。问题是台湾的作家应该怎样把自己的哲学观、世界观、人生观建立起来，然后自由地去运用，为我所用，而不是为它所用，从纯形式主义变成有内容的东西。

现实主义要再解放

潘耀明：您对现代派修正的看法令我感兴趣，台湾现代派曾指出台湾乡土派文学的表现技巧较落后，您有什么见解？

陈映真：现代派的人说台湾的乡土文学并没什么新奇，没有什么创意，这是不对的。我认为现实主义有非常辽阔的道路，可是现代派只能走一次，比如将人的鼻子画成三个，其他人再依样葫芦这样做，就没有意思。例如毕加索建立了自己的画风，后来产生了很多"小毕加索"，这些小毕加索只是模仿者，没有什么意义。现实主义为什么辽阔？因为生活本身的辽阔规定了现实主义的辽阔。不过，我们要注意一点，现实主义也要再解放，不要像过去的现实主义一样，愁眉苦脸，严肃得不得了，不敢接触实质问题，不让你的想象力飞扬。

潘耀明：我觉得台湾的现代派本身也在起变化，他们也在寻求一条与现实相结合的道路，在表现形式上，也力求明朗化。描写一个人变成两个，这为什么不可以呢？只要是为思想服务就是了，为什么不可以这样做呢？

陈映真：我觉得这是好现象，语言明白了，灰色的东西愈来愈少了，不错。但他们写出来的东西还是没有震撼力，像杨逵写的东西，写得很朴素，却有震撼力，为什么？因为他理解到生活，理解到台湾生活的本质在哪里、矛盾在什么地方。这个差别就在这里。对现代派的回归，从比较上来说，我觉得是好现象。事物总是发展的，从灰色到比较不灰色，从不清楚到比较清楚、到鲜明，这是个发展，但我觉得台湾作家仅仅是形式上、语言上回归现实，实质上还基本没回到现实中来，那些现实还很皮毛。

台湾的青年作家

潘耀明：台湾近年产生了一批颇活跃的青年作家，您觉得这些青年作家对文坛有什么影响吗？

陈映真：年轻的作家相当多，只是我手边没有什么资料，我只能做非常概括的描述。在介绍他们之前，我还是要提到那个老问题，他们还是受到局限，思想不解放，在这个基础上他们也有他们的优点，很勤奋，拼命写；第二个就是他们中有几个人蛮有才华的，他们的发展性很大，潜力很大；另外一点是跟他们的局限性有关的，就是他们对文化也好、思想也好，不深刻，所以容易骄傲自满。骄傲自满便很容易造成自小自惭，这是跟思想的贫乏有关的。我希望他们能突破这个矛盾，年轻时骄傲一点不要紧，但不能老是骄傲，老是把自己看得很高。不是说年轻人不礼貌，而是恐怕妨碍了他自己的发展。

提到人名的话，我想提两个人，一个是宋泽莱。宋泽莱是农村出身，对农村有一种来自生活的体验，而且他的才华高，所以他写了几篇相当好的作品，可是我要说的是，一个年轻作家起来，固然可喜，起来以后我们要看他持不持续，能不能写上十年、十五年，而且不断在突破，这样他才能算是个作家。我知道两个大报每年都在征文，都出现不少有味道的年轻人，但昙花一现，等于没出现一样。宋泽莱是比较突出的一个，他以前写的是现代派的东西，从《打牛湳村》以后，他写了一些比较好的现实主义作品，表现了台湾的生活。

第二个跟宋泽莱的风格不一样，他是属于比较入世性的，描写城市生活的，他也比较能够关心到现代文化的一些普遍问题，例如经济和人的关系、商业，等等，虽然思想性不够，但他的艺术技巧相当好，有才华。他是黄凡。

他们两个是比较有代表性的，其他还有比他们低一级的，还在努力、还在写的，也有几个，不过现在来介绍还言之过早，应该给点时间让他们发展。

台湾文学的暗潮

潘耀明：您对目下台湾某些人强调的"台湾意识文学"有什么看法？

陈映真：台湾文学的发展方向有一个暗潮——"台独"，但我不想用"台独"这个词，"台独"在台湾是犯政治罪的。这里可用分裂主义的运动和思潮，从北美感染到台湾。有一本文艺杂志，是党外一个战斗的杂志，水平很低，他们把乡土文学拉到"台湾人意识的文学"，我不同意。如果台湾问题不解决，和大陆一直隔离，一百年，台湾的资本主义更加发展、资产阶级更多了，然后共同对外，为保持资产阶级的社会，对抗中共，共同对抗，形成一种意识。目前不能这样提，但将来是会这样的，这是一个暗潮。我觉得乐观的原因是分裂派的理论说台湾的矛盾是大陆人对台湾人专政，这不是事实，因为台湾社会里是阶级矛盾，同阶级里面的外省人和本省人好得不得了，不是民族问题。他这个主张和现实不对头，因此他这种主张的文学也不可能是好的，因为很简单，文学反映现实嘛，这是一个问题。第二，问题是——我还要重复地说，思考上的贫乏。现在比较自由，有些英文的东西也可以看到，只要我们的作家肯用功，要接近生活，要深入生活。再下来比较大的问题是消费社会的形成，如果变成美国这样的一个社会，肯定会庸俗化、商业化。这几个问题有待解决。台湾文学的将来要靠大家努力。还好我现在有个很密切的朋友黄春明，他批判思想蛮好，他现在搞电影，我不相信他会一帆风顺，可是，至少他是个健将。我们都同意不要跟台湾分裂主义吵架，而是写作品、比作品，这样的话，可以引导一些年轻人。

乡土派与国际派

潘耀明：台湾"乡土派"是否可属台湾的传统文学？它在台湾文学中所扮演的是什么角色？

陈映真：这个问题你要这样看，特别是这次我跟国际作家交谈后，觉得很有意思，不少地方的文坛都分为两派，一个是本土派，一个是国际派。乡土文学最重要的一点是反抗西化的文学，它是对于西化的文学而产生的一种反动，这是大陆没有的问题。第二次世界大战以后，菲律宾也好，其他各国也好，大家都模仿西方手法写小说，连文字也采用英文。现在，我们还没有用日文、英文写的作品，这是我们比他们幸运的地方。我们中国的文化太深厚了，像菲律宾这样的小国家，被西方一搞就没有了，连语言都没了，他们民族语言的建立，是最近一二十年的事情，这是很悲惨的事。他们的语言有一大堆问题，他们的语言连桌子、篮球……也没有，掺杂很多外来语，到现在自己的语言还未定下来，他们没有一个标准的文法、词汇，他们还在挣扎。

台湾的乡土派不是写台湾，从世界的角度看起来，是反西化的一种文学，而不是像现代派所讲，台湾意识反对大陆意识的文学，不是，在第三世界都有这个共同普遍的问题。

国际派是写一种脱离当地生活、当地人民的文学，它跟人民愈离愈远，它是写给西方大学的评论家看的。它希望他们的作品在伦敦发表、在芝加哥开课，因他们用英文写，西方读者较容易了解。这对他们民族当然是非常不好的文学。

此外，另外一种文学却与"反帝"相关联。以菲律宾为例，七十年代有个很大的反帝运动，一九七一年一月到三月第一季暴风，整个学生界、知识界都起来抗议美帝国主义文化侵略，并发展了本土文学。他们用他们的菲律宾话来写诗、写剧本，而且在斗争之中赢得胜利。国家后来终于规定，学校可用菲语教学，以前他们的学校大都用英文教学。台湾当然没有这样严重，精神是一样的，乡土文学里面，不要把乡土文学看成是当地的传统文学，它是一个很鲜明的反西方文学、反现代派的文学，这个有很重要的意义。

台湾文学的语言污染

潘耀明：有人提到台湾乡土派的局限性，是语言上的滥用，大量掺入台湾当地的方言，台湾本地读者还能读懂，如果拿出来放在一个比较大的范畴，如全中国来说，其他地方的读者根本看不懂。

陈映真：这是一个方言使用的问题，关于方言使用，有两个问题要谈。一个问题是说台湾一些乡土作家对台湾化的汉语来源不理解，特别是年轻作家，他们有时会乱用、误用。因为中国话跟别的语言不一样，是象形字，每个字都有它特定的意义，你乱用的话，就误解了字的语言，这是一个原因。第二个原因我觉得倒是可以原谅的，有些作家是有意识地开拓中国语言，好像王祯和，他是有意用的，但里面也存在一些问题。总的说起来，大陆现代文学的发展是以普通话为基础，不断吸收各地方言、运用的可能性的一个过程。你可以看到东北的作家用鲁迅家乡浙江当地的方言，当然以普通话为标准，台湾也是用普通话来思维的。我觉得这个方言问题是暂时、局部的，时间和文学水平提高后，会自然消灭的，不太值得忧虑。但台湾的语文教育比较差，大家用语比较不严谨，抓得不紧，这是个缺点。这个缺点从哪里来的呢？我想有几个原因，一个是对于五四以来的新文学没办法接续，一个是汉语教学不够严肃，跟美国一样，错字写得乱七八糟，文法错、拼音错，还有一个是工商社会带来的现象。工商社会有一种把语言平庸化、简单化的现象，写商业文件都是简单明了，加上还有其他沟通的方式，打电报、打电话，写的机会相对少了，我想是这几方面的原因。这些毛病应该怎样解决？要靠文学家来做。一个比较注重语言的文学家，有意识地从群众语言中提炼出好的语言来，然后再把这个语言放回到群众中去使用。要有作家自觉来做这个事情。我觉得这是暂时、局部的问题，并不很严重。

潘耀明：问题是个别作家已达到滥用的程度了。

陈映真：特别是"台独"形成以后，目前也只能忍耐。

一九八七年四月二十日脱稿

陈映真（左二）一九八三年在爱荷华城与众作家

我们应建造一个正义和友爱的社会

——陈映真答客问

问：今天我本来没有机会坐上来，因为我没有这个"特权"，而是幸运地抽（中）了，我谢谢这个机会。

在台下面我静静地听了，感觉像听到两位亲人的讲话一样，（台下响起热烈掌声）观感到我们终于团聚在一起了。我们在香港二十多年来默默地做了不少的工作，在殖民地式统治不明显的压迫之下，我们努力地做了一些文化的、人文的工作。今天我们能够看到另外的一部分，看到他们在这里见了面、谈了心。这时候，我想起了鲁迅当年到香港来，说过香港是不能这样让它继续下去的。

陈映真：我第一次到香港是去年的事情。我记得上一次跟这一次我都很激动。我来到香港，感到了喜悦。这个地方是另外一个中国人生活的地方，而香港和台湾有一个共同的经验：在列强的干涉下，受殖民式统治，而在形式上、内容上都与内地／大陆分离了。对于台湾的历史来说，是日治时代的五十年，五十年以后在美国的干涉下是一个离开中国本部的社会，用它自己的方式发展着。我想刚才那位先生的激动可能打动了我的心。

目前的中国面临着一个很大的矛盾，就是一方面要使国土统一，结束民族分裂的状况；另一方面是因为这两个地方离开大陆的政治圈、文化圈，单独发展，发展出了另外一套文明，这个文明就是舒适、享乐。这情况对于将来国土统一再团结，造成了一定的障碍。

香港很多人都要跑了，台湾也不只是现在，从一九五〇年、一九六〇年，就有人离开台湾，有少数一些人也说一些风凉话，他们在外面事业有成，就回来指指点点，同样，也有很多人回到大陆去指指点点。老实说，这些对我们一直在台湾生活的人来说是感到不怎么舒服的。

当然有一些人怕穷，有人怕不安全，我想这是中国几十年政治发展所应该付出的代价。要付的代价，总是要付的。我相信香港跟台湾一样，有很多人愿意过着、做着一种有尊严、有民族自尊心的中国人（的生活），这是我有同感的。

不过不可讳言我们台湾跟大陆一样，关于香港的资讯很少，这个"很少"有很复杂的原因。有一个原因是台湾几十年来的发展，养成了对于只要离开台湾一公尺的事情也不怎么关心的习惯。照理说吧，香港一九九七的问题，台湾人应该很关心的。但据实来说，他们不怎么关心。不关心这事情，并不是对香港特别歧视，而是几十年来，不关心社会，也不关心世界，这样的一种文化所造成的。我就不太能理解香港这样产业化的社会，这样的座谈会有这么多人出席，记者来问我们的全是政治上的问题，而街道上完全又是另一回事。这的确是我挺不能理解的。（笑，掌声）我在此致意。

问：我首先代表我自己欢迎刘先生和陈映真。因为我能坐在这儿向两位文学巨人讲几句话的时候，我的心情是很激动的。他们的文章我也拜读过。我跟前面那位先生有点同感，就是香港的知识分子在香港扮演着什么角色？

我想问我们社会的良心对待香港的知识分子究竟有什么发现？在香港来说，上层文化、中层文化、下层文化，这个问题很敏感，特别是作为特权的阶层，我自己除了思考过这个问题以外，也很想通过两位巨人之口来谈谈香港的知识分子应该走一条什么样的路，香港的知识分子在扮演着什么角色？

陈映真：香港知识分子应怎样做的问题，首先我觉得问题提得不恰当，因为我们台湾受够了，从六十年代到现在一直有不少外面念书回来的人都指指点点，告诉我们你该怎么做怎么做。听起来，也不见得他们的话不能听，可是听得进去的并不多，不切合我们的需要。我相信香港知识分子有力量解答自己的问题。你们曾有人说在强大的商业社会下，有很多朋友在奋斗，把零用钱变成刊物……这种经验我们在台湾也体验过。

作为一个客人，我提出一点参考意见，第一是争取香港人民、香港知识分子的主体性。主体性是建立在整理、回顾、反省整个香港的历史，从历史的基础上重新认识及寻找自己的位置：为什么香港今天会成为这样一个社会，怎样来的？跟民众有深刻的连带，而不是跟拿着加拿大护照的人有连带。我相信大部分香港人想溜也没有能力溜，我们要在这些群众之间找到共同语言。第二是年轻朋友重新认识在香港的中国人这个命题，然后争取在工作思想、文化知识，并争取在工作岗位上的主体性。有了主体性才有发言权。与其埋怨、愤怒，不如不怕事情多么小，仍然去做。现在大概还有十年，还来得及，加油吧！

问：我做贸易的，我常到内地去。我从前搞过不少政治工作、学生会工作，但毕业以后，几年来给我思想很大改变。老实说我是爱国的，我接触到不少当地的知识分子和北京重要单位的人员，他们问我香港情况怎么样？我告诉他有些搞移民，有些拼命赚钱。他是一个内地知识分子，曾经经历很多冲击，他赞成我向外面跑，不是爱不爱国的问题。我想问一个问题，究竟统一除了民族感情以外，对我们一般人实际有什么样的好处，请你们讲一下。我是爱国的。

陈映真：今年四月成立中国统一联盟，我是联盟的主席，（掌声）这位青年人的论调在台湾也很多，关键在于态度，我认为选择国籍是人权的一部分，不能说他不想当中国人就是数典忘祖、就是汉奸。历史上从没有像现在这阶段，那么多人跑到别人已经打扫好的房子去住，煮好饭就上座吃,它是有具体原因的。政治和两极对立,这是个复杂的问题,这是中国和第三世界的命运。不少人往外跑,然后用失意、下一代作为借口。牛往青草处跑是很容易理解的,我觉得不要中国、不想当中国人是人权的一部分,应当尊重。但我反对的就是:你不当中国人,又讲出很多理由把它说成合理化,中国不行啦!中国落后啦!我想不必讲理由,你喜欢当什么人,都是合理的,但说道理就是叫人生气。(掌声)

第二,香港跟台湾有共同地方,在内地同胞一生中,当中国人从来就不是一个问题,就好像呼吸、喝水一样不是个问题。但对香港人及台湾人来说则不一样,当中国人是一种必须奋斗的事情。我的父亲,和到我的这一代,当中国人不是理所当然的事情。日本美国从来不会有一秒钟发生这种事情,这是一种很大的悲伤,我们应正视这个悲伤,而不是以这悲伤去撒娇。我希望以后我们的子孙不必去斗争才变成一个中国人,这些恐怕是大陆同胞不大理解的。

第三,香港和台湾离开内地/大陆,是有外来因素的影响,清朝时香港离开内地,也是清朝时台湾离开了大陆。一九五〇年以后,两极对立,分开后又发生很复杂的政治变化,有时我半夜醒来觉得很奇怪,有这样一个外来势力,用自由、平等的大义名分将中国分成两边,然后盘根错节地产生变化,让两部分的人不愿来往。这个变化,像台湾三十年来的变化。

我觉得,一个分裂的民族是一个残废的民族,国家的分裂基本不是这个民族自愿,所以后来发生的枝枝节节的事,是整个世界的结构性的问题。一个民族的分裂是很悲哀的事情，我主张统一。对外而言，民族的分裂使同一民族互相瞧不起，互相猜忌，甚至互相仇恨，互相敌对，使这分裂的民族的智慧、创意、才能不单没有相乘相加，反而互相抵消、互相挫折，而且因为分裂，双方都受到伤害。比如我们动辄就称对方"共匪"，那边就叫我们"资产阶级""美蒋特务"。我想不管两个党怎样，这个债是要还的，恐怕，要加倍地还。做生意的人知道，信用是很重要的，当你信用破产时，你要花很多力气去重建。我想国民党吃过这苦，最近慢慢就好了。这个债你一定要还。

　　第四点是中国的统一不是国共两党的事情。就以文学说，我们谈到中国的文学，起码就从《诗经》想起来，然后到汉朝、唐朝等，我想没有一个喜欢中国文学的人说，金朝的文学我不要；清朝丧权辱国，清朝文学不算中国文学。没人这样讲，政权不过转瞬就过去。中国是几千年来由中国人的劳动不断建立起来的。如果（有人）觉得这个国家不行了，不想当这国的公民，我觉得应该受到充分的尊重。但以我在台湾蹲了五十年的经验，可以告诉大家，我们一直坚持在岛内生活、工作和抵抗，此诸陆陆续续回来的，像"国建会"——是国民党对海外知识分子统一战线工作，他们有特权，我们不敢说的由他们说，所以起初我们就很关注，看这些"海外秀才"讲甚废话——后来禁令解除了，这些学者专家又摇摇晃晃回来开会，然后又乱发言一通，我们就很不满意！你们能讲的话，我们比你讲得更好，所以那时代已经没有了。

　　我不能忍受那些两边看、两边说闲话的人，何必呢？你走就走吧！

（热烈掌声）嫁出去的女儿回娘家就客气点，何必又要指指点点呢！我觉得，在祖国最困难的时候仍然愿意留下工作、抵抗、创作的人，以我的经验，他会有丰富的补偿，我不敢说补偿——起码会觉得自己的生活是富足的。

问：想问一些有关文学方面的问题。几年前国内的小说较多是写实主义的作品，但近年来写小说趋于沉寂，新一代作家开始出现，请问您对新一批的作品有何意见？另外，由于最近台湾解除了书禁，台湾读者可以看到许多大陆的作品，请问这情况对于台湾社会及作家会有什么影响？

陈映真：台湾也搞过现代主义。要澄清的是，台湾反对现代主义的人并不是不知道它有不少是进步的，如三十年代欧洲现代主义，其实是反对当时的资产阶级社会的庸俗化甚至是人的平庸化，具有相当明显而激烈的革命意义。到了后现代主义就演变成一种玩弄文字的游戏，内容只有个人，而拒绝了社会、拒绝了历史、拒绝了时间、拒绝了生活。另外有些比较坏的情况是：为外国人写。有些人希望自己的作品翻译成英文或法文以后可以轰动全世界，这完全是殖民地心态。事实证明，这种现代主义反而不受国际上的重视，而着重表现台湾自己具体现实生活的乡土派作品反而受到重视。我完全同意那些现代派有存在和创作的自由，因为若以主体意识形态或理由去压制现代派的话，那别人也可以用另一些理由来压制我们这种干涉生活的文学。所以一定要尊重他们的表现手法或创作自由，重要的是大家如何在创作上争取群众。

大陆文学流入台湾以后对台湾的创作起了什么作用？我可以做一个简单的报告。台湾由于社会生活质量的变化，文学的生产和再生产已经停止下来，所以台湾的文学，出版界没有东西可以出版。因此，国民党开放大陆作品以后，很多出版商和商人不怕杀头，直接跑到大陆跟作家签约，或者来到香港跟与"共匪"有关的出版社直接接洽，（笑）其大胆程度说明是有利可图的。实际上，出版以后都没有戏剧性的销量，虽然事实上有些作品是很不错的。我自己试图对这个情况的解释是因为整个社会对文学冷漠，另外是因为不管大陆文学作品是好是坏，毕竟只是反映大陆本身的问题，但好的文学作品毕竟是会有人读的。一个消费化的社会形成后，人们大概没有兴趣花长时间去看长篇作品。

第二个原因是台湾的研究界比较懒惰。台湾目前除了清华大学的几个年轻教授，在整体的研究上是有系统的外，对一九七八年以后整个大陆文坛没有一个概括式的研究，所以我们还不晓得大陆文坛是怎么一回事。

第三是作家论和作品论都非常少，这个也是大陆文学在台湾没有收到即时影响的原因。

不过我一直相信，只要文学作品是品质好的，也还是会发生影响的。说一下阿城的"下乡"吧，几里路没有几本书可以看，只有互相传阅，说不定连电话簿也会从头到尾津津有味地读一遍。没有东西阅读时，他们对于文字的饥饿感，对台湾和香港人来说是无法想象的，我们一天可能会"飞"阅许多材料，用黄笔一划，打上电脑，然后就视而不见了。可是阿城在破庙内发现了一份手抄的庙史！他藏为秘本，没事就读来读去，就像我们小的时候物质缺乏，逢年过节有几个蛋，我们弟兄多，每人获发一个卤蛋，省着吃。我们把它含在嘴里，把黑黑的卤蛋含到变白色，到第二天发酵了才把它吃掉。同一道理，在缺乏书本的情况下，他会把文字放在嘴巴里含着来玩味，没有书看的时候五官就特别发达。

问：我想问陈先生有没有信心把握知识分子的那种主体性？在看你作品的时候，很多时候都发觉你讲出了资本主义社会里许多不好的地方，好像有点社会主义色彩，请问在制度上社会主义是否比资本主义好一些呢？

陈映真：我这边有两个问题，第一个问题的提法相当好，而且是一个蛮严肃的问题。说在两岸搞反对的人成为明星，我得说明我在台湾绝对不是一个明星，只是你们让我变成了一个明星，我想这个责任应该在于你们吧！我跟刘先生会面，在个人来说，是一件很重要的事情，也是一个很难得的个人经验，没想到会惊动这么多人。为什么反对权力的人反而受到民众的爱戴？那有一个条件，就是权力腐败、堕落了，权力跟人民群众分开了，权力跟人民站在对立的方向。大概当权力还受到群众拥戴的时候，谁反对权力就一定没有好日子过，而且挨了权力的打还会觉得：啊！打得好，可能是我不对。所以这个应该相对来看。当一个反对权力的人受到群众极高评价的时候，正好很生动地说明了权力本身已发生了重大的危机，而且说明了权力和群众已经站在对立面上。只是一般的群众不面对权力，不敢冒死力谏，所以他们把自己想要做可是不能做或不敢做的心情投射到反对者身上，给他以最真诚热烈的关心和支持、拥护，所以跟电影明星是不能类比的，是相当不一样的。

第二个问题是关于我的思想问题，对我做思想检查吧。（笑）社会主义有非常宽阔的解释。从柏拉图，从世界各民族——不管它是先进的还是落后的，长久以来都有一个梦想，就是希望人能够活得更像一个人，活得更友爱、更有尊严、更有人的主体性，人更得到解放。中国有一部著名的小说叫《镜花缘》，就是我们世界上有的他们都相反，这里要偷斤偷两的，那个社会就拼命要称多给你，这个也说明了人类的愿望。我们就是尔虞我诈，可是那里面却拼命要让你欺负，让你骗。这说明人类长久以来面对一个不公平的社会，就有一个相对的愿望，希望能更公平更像人地生活。这种思想逐步发展就变成所谓的各种派别社会主义。其次，我是生长在一个资本主义逐步发达起来的社会，我自己跨越过一个由贫穷到富足的社会，虽然我现在还很穷，我是从资本主义各种具体（而不是书本上的理论）的弊病上去理解社会主义的，所以，即使在这里，我也可以公开说，一个真正理想的社会主义——也当然是我的主张。我一九八三年第一次到美国，一方面觉得这个国家这么干净辽阔、文明开化，甚至到了令人嫉妒的地步。我从飞机上看，虽然中国跟美国一样大，可是爱荷华是一片黑色的沃土，大概我们中国地理上是崇山峻岭的，但是我却真的不会喜欢那个国家，那个社会。我认为中国人民应该尽力去建造一个适合我们需要的，具有我们主体性的一个比较幸福的、团结的、有正义和友爱的社会。谢谢。

（篇名为编者所加，原载《明报月刊》一九九八年第九期）

中国的伤痛与台湾的认同悲情

——专访陈映真

林幸谦 访问

作者按：二〇〇四年回暖的春天时分，二月十五日下午，香港浸会大学文学院院长钟玲、人文素质教育计划总监陈载澧、中文系副教授黄子平和笔者一行人，到机场迎接著名作家陈映真伉俪来港，欢迎陈映真出任首任驻校作家。这是香港大专学府第一次聘请驻校作家。笔者很荣幸受《明报月刊》委任，负责专访陈映真。十六日上午，我们在浸大校园进行了有关访问，《明报月刊》总编辑潘耀明稍后也赶来探望这位老朋友。

在他的内心深处曾有一个哀伤世界挥之不去，以一种二十世纪特有的时代力量为他洗礼。陈映真，一个台湾现今少有的唯物主义者，特立独行，张着相对激烈的"左眼"，深邃而长久地注视着新世纪如何跨越诡谲多变的旧世纪。

今天，他仍然站在新时代的前沿，仍旧以他充沛的生命力回顾旧时代遗留下来的民族伤痛，并且不忘前瞻当代思潮的走向，忧心忡忡。今天，笔者在他的声音、语调中，感受到他精神的底蕴仍旧充满热烈的叛逆力量和反思情怀。

民族分裂的伤痛

春节过后不久的二月中旬，陈映真受邀来到香港浸会大学校园，成为浸大的第一位驻校作家。在他抵达香港的第二天，我有幸对他进行了专访。当年陈映真写了许多"社会中不堪触抚的痛伤"这类他所关心的文学主题。经过台湾这些年来快速变化的局势，他依旧关注社会上久未痊愈的伤口，以他写小说的叙事语言，揭开他眼中悲剧性的民族与时代的创伤。

陈映真指出，海峡两岸最大的伤痛在于民族分裂的现实。从历史的视角来看，外国武装力量的介入导致了今日中国民族的分裂构造。他说，海峡两岸的分裂可分为两个阶段：一是从一八九五年的《马关条约》割让台湾到一九四五年二战结束，这时期日本帝国主义占领了台湾，使台湾脱离大陆，成为殖民地，二是一九五〇年在国共内战和世界"冷战"的双重结构下，使得台湾和大陆又一次面临分裂的历史吊诡。陈映真以低沉的声调说道："一个在外力干涉下分裂的民族，是个不完全的、畸形的、跛脚的民族。每一个中国人都应该引以为耻，引以为伤痛。但遗憾的是，随着经济的发展、综合国力的提升，海峡两岸这种伤痛的意识相对比较薄弱，大家只致力于经济的发展，对于怎样克服外力干涉下的民族的分裂，相对有些冷漠，这是更大的伤痛。"

这种冷漠的态度以及对待冷漠现实的冷漠化，竟然逐渐被人习以为常了。陈映真这种看法，其实触及了他和他论说对象的更大伤口——一个跨世纪的分裂悲剧下的文化伤痛。

市场导致人性丧失

陈映真说，海峡两岸经济的发展，在资本主义发展的规律下，付出了很大的代价：自然环境与生态的代价，以及人的劳动成为可以在市场中交易的商品，导致了人性和自我价值的丧失。他指出："在市场主义下，人的价值让位给市场机制，一切都通过市场来检定，一切都从效益和可能创造的利润来决定。这自然使人依市场逻辑物化去区分合格与不合格品，以及适用与不适用。人必须交给市场来判断谁合格、谁不合格，这造成大批弱势群体和社会中被边缘化的贫民、失业人士、无家可归者，以及面临破灭的民族。"

面对全球化的经济发展，陈映真表示，全世界资本主义发展的历史，事实上都是以广大农村农民的经济衰退和弱势群体的牺牲与溃灭为代价的，这现象特别严重地反映在这几年来台湾社会的生活之中。因失业、失学、生活的困苦而自杀的比率骤升。二十世纪八十年代末开始，东欧社会主义阵营的瓦解使资本主义少了来自社会主义体系的威胁和挑战。陈映真感叹道："新自由主义大行其道，大事主张资本可以在完全没有监督和节制的条件下自由扩张，不受国界的限制，透过市场机制不断自由积累。这种经济发展模式去除了很多社会福利政策，造成雇主恣意解雇或肆无忌惮地延长雇员工作时间去降低成本、增加利润的现象。在经济繁荣的背后，弱劳群体的破灭可以说就是现在世界的伤痛，而更大的伤痛是民众对伤痛的冷漠。"

人们对这种伤痛的冷漠与麻木，构成了双重的伤痛。陈映真因此认为，文学应该更加关怀弱势群体，而不只是沉醉在社会经济发展的商品崇拜之中。

认同悲情与豹变

台湾和大陆的关系随时代转移，今天已变得极为复杂。陈映真说，从日帝统治期一直到二十世纪五十年代初白色恐怖时期，台湾人民始终怀抱着强烈的中国认同和骄傲。他以当年在狱中所听闻到的、一位无名英雄前辈的遗言来开始表述这一段台湾民主化的历史——台湾人民对"白色祖国"的希望幻灭，如何变为对于红色祖国的期望。他告诉笔者："某一个已经被枪毙了的政治犯在政治监狱临刑前讲的一句话流传至今——台湾人民是从对'白色祖国'的幻灭中，即从'二二八事件'中看到了来自'白色祖国'的丑恶、腐败和落后的一面，从而转为对红色祖国的希望和寄托。在大战结束后，很多人只看见蒋介石的中国，可是对海峡对岸大陆的真实形势却不了解，所以对来到台湾的大陆政权和军队抱着很热情的希望，但最后都幻灭了。"

许多磊落青年消失了

陈映真表示，在"二二八事件"后，大量愤怒的年轻人奔向在台湾的中共地下党。一九四七年"二二八事件"后，大陆成为他们新的注目焦点，他们向往新中国的崛起。这情况有如小说《红岩》所说的那样，台湾和新中国革命的胜利擦肩而过：一边是胜利，红旗升起；一边是走向死亡，国民党进行了大规模的逮捕和屠杀。在美国舰队封锁海峡后，很多台湾地下党人都在白色恐怖的阴影中壮烈牺牲了，许许多多磊落而有理想的年轻人消失了。这些有远见、有理想的年轻知识分子，就在国民党全面肃清、搜杀异己的斗争中全面溃灭，受到杀害或是监禁。这当然不能说成是"台独"的出发点，不是"台独"分子所说的"离开中国""去中国化"的历史进程。

在民族、国土分裂的大时代中，台湾人正受到某种历史命运的拨弄。这一点陈映真有很深刻的理解。他指出，在日据时代，台湾长时期直接受到日本帝国主义的压迫，然而大陆的抗战，从一九三一年的"九一八"算起，也只有十四五年的抗日岁月，而台湾人民的抗日斗争却十分长久、深沉。因此，日帝时代的五十年中，汉民族的光荣和骄傲正是台湾人民对日本帝国主义抗争的精神支柱。

从一九四五到一九四九年之间，虽然经过一九四七年"二二八事件"的伤痕，但在台湾的外省和本省的进步知识分子，都力图克服民族的裂痕，争取团结。他说，这是一个历史的转折点，"二二八事件"后台湾人寄望于另外一个新中国的崛起。然而，事变却被"台独"反民族集团歪曲为台湾人民"告别中国民族"，成为一个"独立的民族"的起始点。在陈映真看来，这种说法是经不起史实验证的："事实是，恰恰在'二二八事件'以后，一九四七年国共内战已经发生了转折点，共产党力量由弱转强，国民党则节节败退。'二二八事件'真正使台湾人对以陈仪政府为代表的旧中国感到幻灭、彷徨甚至愤怒。这促使了一批有远见的知识分子将目光投向大陆的内战，看到一股正在崛起的新生力量，并且投身于新中国的诞生，终而家破身亡。"

台湾的战后清理问题

在"二二八事件"期间，台湾岛内兴起反国民党腐败的运动，强烈要求更为广泛的自治权和民主权，但受到国民党强硬的武力镇压。陈映真指出，在这时期，全中国已有反对蒋介石独裁的民主运动，主张和平建国的全国民运也遍地开花，台湾人民也看到了这一点。

他说，"二二八事件"其实是当时全国民主化抗争运动的一部分。

二十世纪五十年代到六十年代的"自由中国运动"，以及七十年代的党外运动，都是中小资产阶级发动的，带有反蒋、亲美、反共、反华性质的民主抗争运动。八十年代中后期，"台独"势力渗入党外连动而壮大，成为一股反民族势力，在外来势力怂恿下，强化了民族分离运动的构造。

对于战后台湾政经的发展，陈映真认为，战后留下来的所谓后殖民时代的惨痛经验，有值得历史学家注意的一面。他指出，由于当时国民党政府有比较贤明的政策，认为台湾沦为殖民地达五十年之久，所以不去追究汉奸问题，否则很多人都不能幸免。可是后来在"冷战"和内战的双重结构下，反共政策无限上纲，反而失去了殖民地台湾史清理的机会。

陈映真表示，日据时代中台湾坚持反日的势力和所有殖民地反帝运动一样，都不同程度受到共产国际和共产党的指导，都是"左"倾的一派。他们在战后"冷战"体制中成为被歼灭的对象。在日据时代中的反帝爱国势力，有的后来参加了地下组织，或因历史上的"左"倾问题，不但不受表扬，反而惨遭杀害或监禁。从这种种事实来看，在国际"冷战"结构下，反帝国主义的爱国者都遭受到不幸的命运，而反共、与日帝勾结的"精英"反而得以与权力结合，至今荣显。

二战后在台湾发生的白色恐怖事件，应该在战后世界史中找到位置。陈映真说，从六十年代到八十年代，美国新殖民"冷战"体制在东亚、东南亚、中南美洲、希腊、中东扶持极端反共的亲美法西斯政权，在人权蹂躏和民主破坏上，犯下罄竹难书的罪行，台湾的白色恐怖应该说是其中轻微的案例了。陈映真认为，战后这种对殖民地时代以及"冷战"与内战双重构造的历史缺乏反省和批判所带来的问题，是非常复杂和严重的现代史课题，值得学者、作家们去挖掘、探讨。

（原载《明报月刊》二〇〇四年第三期）

陈映真（左二）与作家朋友在美国加州

恐怖主义与弱小者的全球化

——专访陈映真评美国"批发"式恐怖主义

林幸谦 访问

本刊上期刊发了本文作者专访浸会大学首任驻校作家陈映真谈中国伤痛与台湾认同悲情的文章。本文为上文的续篇。访谈于二月十六日在浸会大学校园进行，陈映真进一步从国际视野论述了强权统治与弱小者反抗的全球化趋势，指出弱小者也在进行全球性的大团结。

——编者

当代社会充满了不确定性。在英国备受争议的安吉尔（Ian Angell）在其《新野蛮人宣言》（*The New Barbarian Manifesto*）一书中宣称，当代社会充满着个人与集体、自我与族群、种族主义及宗教偏执三大恶魔。所谓"美丽新世界"的本质，实际上是一个残酷粗野的世界，一个"新野蛮人"的世界，一个未设防的新社会。个人、民族、公司、社区及国家,不是跃入新的荣景,就是被弃于贫穷、卑微及破灭之中。这种种意象,漂浮在陈映真谈及恐怖主义、另类全球化、弱小者和新霸权等课题的时刻。

恐怖主义

在文学以外,陈映真是相当少数愿意并有能力去正视经济、政治和意识形态等课题的作家,他对民族国家、全球化和恐怖主义等课题深表关切——刘绍铭称他为"二十世纪中一个富有浪漫激情的殉道者"。

陈映真把激进组织在全世界所展开的"暴力恐怖主义"问题和世界强权媒体的逻辑联系起来看。他指出,恐怖主义问题首先是个修辞学的暴力问题,他举出美国著名语言学家和思想家乔姆斯基(Noam Chomsky)的观点加以说明。乔姆斯基长期对美国的外交政策进行严厉的批判,指出美国长期以来对其支持的反共军事独裁政权施行的国家恐怖主义——大规模、有组织性的蹂躏人权、践踏民主、非法逮捕与杀戮投狱,说成"为护卫民主政权所必要",而把巴勒斯坦、中东、中南美洲的个人、小集团对霸权的暴力抵抗,说成恐怖主义。例如美国硬说"邪恶"的伊拉克有大规模杀伤性武器,但到最后把人家的国家攻陷了、搜遍了,却找不到大规模杀伤性武器。

美国是当今最大的恐怖主义根源

　　陈映真认为，霸权主义的传播工具把法西斯统治说成民主自由的捍卫者，把弱小者对霸权灭绝性威胁与暴力的反抗说成恐怖主义。他举乔姆斯基的说法指出，实际上，美国是当今世界上最大的国家恐怖主义根源，从二十世纪六十年代到八十年代，美国在世界各地支持了反共军事独裁政权，以反共国家安全体制为借口，彻彻底底地蹂躏了人权、破坏了民主，间接或直接地杀人无数。

　　陈映真又指出，智利人民以民主的方式普选出左派阿燕德（Salvador Allende）政府后，美国和当地美国跨国企业竟鼓动中央情报局和当地右派搞武装政变，结果血流成河，推翻了民主政府而取得政权，然后进行血洗，所有反对派的学生、教师、医师、农民、工人、共产党人等被大批投狱，被集体杀害的人数，到现在仍然没有个正确的统计数字。他说，像这样的事情在中南美洲非常严重。另外在东亚，美国也长期支持朴正熙、金斗焕和卢泰愚这种政权。暂且不提台湾地区，再如菲律宾及东南亚其他地方，反共势力亦受到美国支持。如一九六五年印度尼西亚的血腥屠杀，被杀掉的人介乎于九十万到百万之间。美国也长期支持印度尼西亚对东帝汶的恐怖统治，并支持南非种族主义的白人政权。

　　陈映真反问，这难道不是恐怖主义吗？在星条旗的飘扬下、在中央情报局指导下的白色恐怖世界史，才是不折不扣的恐怖主义。正像乔姆斯基所说的，美国所指导的恐怖主义是"批发"式的恐怖主义，而那些弱小者的、个人的、小集团的武装抵抗，则是"零售"式的恐怖主义，一为主动的、一为被动的恐怖主义，一针见血地指出了恐怖主义的真面目。

他说，在强权施加灭绝性的政治与文化暴力时，活不下去的民族和人民只能用玉石俱焚的方式来抵抗强权，那是一种悲壮的、绝望的抵抗。弱小的动物往往会乖乖就范，被强大的动物吃了就算，但我们是人，所以弱小者在巴勒斯坦、在中东地区跟强大的美英帝国主义斗争。

陈映真说："弱小者也有人的尊严，他们也想要护卫自己的尊严，所以我们看到他们之中一些受过最好教育的民族精英，可能用其一辈子的时间去策动如何在帝国主义内部加以瓦解和破坏。这是何等的壮烈！全世界的精英都应该反省，不能只是单纯地指责说他们是恐怖主义、是残酷和野蛮的民族。"

他说，中东各族人民绝不野蛮，曾经创造过极为璀璨的文明，巴格达曾是世界文明和宗教文化的中心，在哲学、数学、天文、地理等方面的贡献都是了不起的。

陈映真认为，人在抵抗被逼为奴的时候，他们的形象变得何等高大！只是传媒受了世界帝国主义意识形态的支配，而把他们说成是恐怖主义者，指责为贫穷、落后、野蛮、不民主、不现代化和偏执狂的族群。

陈映真说："今天，我们的世界让拥有强大垄断资本和大规模杀伤性武器的国家来支配是没有道理的。回首帝国主义的世界历史，当年的荷兰、葡萄牙和英国等，也曾经不可一世地称霸过，但历史最终把他们卷走了，世界霸权不可能永世不坠。"

强权者全球化与弱小者全球化

全球化的世界新秩序已经在全球牧场上逐水草而居，不断发挥弱肉强食的生存原则。这些扮演着积极的机会主义者的"新野蛮人"，正在开创一个世界独占资本的全球化的新秩序。而以目前全球化的发展趋势来看，陈映真表示，全球化有两个层面，一是强权的全球化，一是弱小者的全球化。

他指出，强权的全球化是国际独占资本主义的全球化。很多跨国公司在政治和军事上都是以自己所属国家的强大力量作为后盾，可是在争取利润的时候却越过自己国家的限制。在获取市场、材料和廉价劳动力的过程中，资本可以越过国界，建立分工体系。但具体到国际生活，还是有强国和弱国的差别。因此他提出另类全球化的看法："同样地，反对全球化的运动也全球化了——这是另类的全球化，是弱小者、被损害者的全球化，是无告者的全球化，是受剥削的世界农民的全球化，也是被不平等的世界秩序所排除、所压迫的人民的全球化。"

陈映真认为，所谓的全球化不应被看成只是强国的全球化，弱小者也在进行全球性的大团结，进行全球性的反强权的团结斗争。这几年，凡是强国举行世界一体性的国际会议，就会有来自世界各地的农民、反抗者和抗议者自己花钱买便宜机票，来到会场所在地进行奋不顾身的反抗斗争。这是陈映真眼中的反全球化的全球化运动，也是世界弱小者崛起的一种现象。他说："各种反全球化的全球化运动正在兴起。透过相对便宜的机票和互联网，全球互相联系，不像当年第三国际般有统一的组织和纲领，却有统一的斗争。此一世界性的思潮方兴未艾，我们实在应该要注意此一世界性运动的趋向。"

陈映真表示，只要有无数的人不甘于目前被新强权欺压的情况，改变世界的可能性就存在着。那些被称为恐怖主义者的族群，或被西方压榨的世界，将继续展开他们的反抗。

陈映真说："从左、中、右等各种意识形态光谱集聚而来的、反对全球化运动的团体，如妇女、同性恋、农民组织等，能够在一个共同的反强权全球化的目标下结合起来，在反对资本主义全球化之下进行斗争，这个倾向很值得知识分子深切关注。这种另类全球化，相信是一个可以发展的新思路。"

（原载《明报月刊》二〇〇四年第四期）

人生小语

——陈映真写给《明报月刊》

世上没有抽象、先验的道德。因为道德是一定历史条件和历史阶段中的道德,而历史也是一定道德的历史背景、有一定道德内容的历史。在抗日战争的历史中,日本"八纮一宇""大东亚共荣圈"的爱国主义是不道德的,而中国人民抗日民族解放的爱国主义的道德性,则毋庸置疑。在阿富汗、巴勒斯坦、伊拉克的民族生存、文化、宗教受到毁灭性威暴时,人民自杀性抵抗的爱国主义就不能视为邪恶和野蛮,而以最强大经济力和武力杀人民族,毁人家国的霸权主义的道德性正引起世人的疑虑和批判。

香港事,我不便置喙。但在台湾,民族分裂主义在外来势力怂恿下形成较大历史逆流的当代,坚持克服民族分裂,坚持民族团结、和平统一的爱国主义道德性,不辩自明。

台湾和香港的当代史,都留下未曾清理的"冷战"逻辑下极端反共反华主义和新老殖民主义的课题，等待两地的知识分子认真对待。

陈映真

写于一九九六年

陈映真与妻子陈丽娜

蜗蜗独行

我会努力的！

——怀念陈映真

潘耀明

陈映真终于走了。

说他终于走，是他一直为病魔所困，听说十年前已脑卒中，处于迷茫状态。

十年下来，一直待在北京的医院。十年间，包括我和许多朋友想去探望他，都被他太太丽娜婉谢了。

他没有抵抗力，她怕他感染细菌。她在病榻旁陪伴了他三千六百五十个日子。

听北京的文友说，后期他几近植物人。

不管怎样，兀自惦念着他。

对他的感受是太强烈了。这种感觉，还不光因为一九八三年与他一起

112

参加 IWP——美国爱荷华写作计划，相处了三个月。三个月之后，去台湾探望他和他来香港找我，不光是"同学"，还是好朋友。

他魁伟的形象、开朗的笑声，和对理想的矢志追求，已镌刻在脑海。

他是一个不可救药的理想主义者。

我相信，当我们在美国中西部小城爱荷华相遇时，他肯定对我感到失望。

我虽然是一家香港左派书店（或称爱国书店）的编辑部主管，理应像他一样，兼具饱满政治热情和强烈的民族感。

相对他来说，我更像当年香港人，患上政治冷感病。即使不至于此，起码也是不冷不热的温和派，与他的慷慨激昂、挥斥方道言行，是何等的天壤之别。

我说他是一个不可救药的理想主义者，是因为只要他认定是对的，就会奋不顾身，颇有一往无前的气概！

我所在的出版社出版了一本《第三只眼睛看中国》，他为之见猎心喜，硬是要我转授版权给他。我相信，这本书在台湾也销不了许多。

不管怎样，他具有好学和与时俱进的精神，一直感染着我。

我于一九八四年、一九八五年在美国纽约大学攻读出版管理和杂志学期间，他写来了一封长信，开了一长串书单，要求我为他搜集一批西方出版管理的书籍，包括怎样做出版计划、出版市场调查、出版管理、营销管理及装帧设计，等等。

一把年纪，还那么好学不倦，委实叫人动容，我利用课余时间，跑了好几家书店为他购一批书寄去。

在信中，他还谆谆叮嘱我"一定要努力用功"，现在想起，不无汗颜，相对他来说，我是疏懒得很！

他的一生，从来没放弃对理想的追求。

美国作家丹纳·海思斯（Dana Haynes）说："一个人提到理想，必然充满感情；他会想到流露真情的那种缥缈美丽的梦境。"

陈映真长怀美妙愿景，而且一直憧憬着，所以他能焕发极出极大热情和魅力。

一九八三年十一月，临离开爱荷华，他特地为我写上以下一段话：

为了中国文学写作环境的民主、自由和解放；

为了中国文学创作品赏的丰富、提高和纵深；

让我们谦卑而坚定地做出我们应做的贡献！

…………

安息吧，映真！时光荏苒，当年的小潘，已幡然变成今天年逾花甲的老潘，但是，我答应您，我会努力的！

二○一六年十一月二十二日

一个脊骨挺直的中国人——陈映真

聂华苓

又被捕了!

九月四日早上,美国诗人路易士·辛普森(Louis Simpson)在我家门口按铃,厨房里的电话铃也响了。辛普森是我和安格尔头天约来吃早点的,电话是芝加哥一个中国朋友打来的。

"……陈映真又被捕了!我们不懂他为什么又被捕!他的家给抄了!他父亲的家也抄了,他太太的娘家也抄了!带走了几箱书报。罪名是'涉嫌叛乱'。他在一九六八年被抓,坐了七年牢!他今年四十二岁了。他要是再坐牢,这一辈子就完了!我们实在不懂!他一九七六年出狱以后,没有任何越轨的行动和言论。他结了婚,办了个小印刷厂。他忙着养三家人!他养生父母、养父母和岳家三家人!他岳父刚刚癌症去世了。我八月间在台湾看到他,脸色苍白,提着一个公文包赶计程车，忙得不得了！我们实在不懂！这么好一个人，为什么不让他过点自由的日子……"讲话的人声音哽咽了。

我和安格尔根本没吃早点。辛普森胡乱吃了一点。我们心情都很沉重。三个人谈了一个上午，讨论如何拯救陈映真。辛普森是美国很有名望的诗人，得过普立蕴诗奖，曾经是国际笔会人权委员会的委员之一，现在同杨振宁一起在石溪的纽约大学教书。安格尔没见过陈映真，但对他的作品、他的风格、他的患难已有些认识。陈映真对辛普森来说就完全是个陌生人了。但是辛普森和安格尔一样，都是属于放眼世界的那一种诗人，都是对世界上许多地区受苦受累的知识分子极为关切，而且采取行动维护的。辛普森到爱荷华城来朗诵他的诗并会晤各国作家，正好碰上陈映真被捕的事。

我所认识的陈映真

我和陈映真从没见过面，我只是看过他的作品。在一九六八年五月我和安格尔邀请他到爱荷华城来，六月他被捕了。我和安格尔千方百计在台湾找律师为他辩护，没人敢接下他的案子。后来终于找到一个在台湾的美国律师，他答应受理陈映真的案子，但要求先付律师费。我们马上电汇了一笔钱。后查无下落。一直到陈映真判刑之后，美国律师才收到那笔钱，已经太迟了！陈映真在审判时没有律师，是他自己为自己辩护的。陈映真在狱中，我们无法和他通信，只能由他的家人传达我们的关切。他的家人告诉我们，他在狱中研究中国文学史及其社会背景，陈映真"对于中国文学史亲自的研究，不但给了他知识的快乐，也让他分享了我们中国文学伟大传统的光荣"。我们收到他由家人转来的在狱中拍摄的照片：他穿着对襟棉袄，戴着鸭嘴帽，神态泰然，带笑直挺挺地站着，两手非常自信地叉在胸前。一点也不像个"囚犯"！就是在监狱里，就是在照片上，也可以看出陈映真是"具有人的体温的，对于人生、社会抱着一定的爱情、忧愁、愤怒、同情"的人。这是陈映真在《现代主义底再开发》中所写的话，这句话用在他自己身上是最恰当不过了。

一个思想家，不一定是个文艺家。然而，一个文艺家，尤其是伟大的文艺家，一定是个思想家。而且，千万注意：这思想，一定不是那种天马行空、不知所指的玄学，而是具有人的体温的，对于人生、社会抱着一定的爱情、忧愁、愤怒、同情等的人的思考。一个艺术家首先是一个温暖的人，是一个充满了人味的思索者，然后他才可能是一个拥抱一切人的良善与罪恶的文艺家。

陈映真这一段话也是对他自己的勉励吧！他的小说，如《将军族》《第一件差事》，就是由一个充满了温暖的人写出来的，就是一个充满人味的思索者写出来的。中国需要那种从整个中华民族的观点，从整个人类的观念写出来的作品；中国更需要像陈映真那样具有"人"的体温、"人"的骨头、"人"的勇气的知识分子！

隔洋的谈话

陈映真被捕的第二天，辛普森又在我家吃早点，当天他就要回纽约的石溪。他在我们家厨房连着吃了两天早点，厨房里的电话铃响个不停，我则像热锅上的蚂蚁，在电话和炉子之间跑来跑去，和美国各地的中国朋友谈论陈映真被捕的事。这两顿早点，给辛普森上了两堂关于中国知识分子处境的课，用不着我讲什么，他早已了解了。

"我从来没有见过一个人家的厨房有这么多的活动，这么强烈的情绪，又有这么好的食物！"辛普森面前拢着陈映真的英译小说（刘绍铭编译的、由哥伦比亚大学出版的《台湾小说选》）和他的英译简历。"今天我把这些资料带回去，我马上和国际笔会以及国际人权组织联络……"

电话铃又响了。

"好了！陈映真出来！"

"太好了！他被释放了吗？"

"他是交保候传。他一出来，等不及回家，就在路上打电话给他爸爸了。"

"他出来了，太好了！"我一时高兴，也没多问，挂上电话，转身对安格尔和辛普森大叫："他出来了！他出来了！"

他们两人一同"啊"了一声，松了一口气。我做了一大盘香肠炒蛋，三个人好好吃了一顿早点。辛普森离去时仍然带去了陈映真的资料。

我打电话给芝加哥的朋友，探听陈映真被释放的详情。

"不是释放呀！他是交保候传，必须随传随到呀！案子还在侦查之中！"

"侦查什么呢？"

"连他自己也不知道！"

我家的电话又响了一整天。

谈话的内容当然是关于陈映真"交保候传"的事。我们全认为"交保候传"就表示此"案"未了，陈映真的安全仍不可保，我们还是要密切注意这件事的发展。

电话铃不响的时候，我就想着陈映真家中被搜查以后翻箱倒箧的凌乱情形，想着他在警察虎视之下昂然走出家门却又有些迷惑的神情："我到底犯了什么罪呢？"想着他出狱后在路上给父亲打电话的兴奋样子，想到他回到家中看到新婚的妻子相拥流泪的场面……

我和安格尔谈着这些悲、欢、离、合的人性姿态，我们一时叹息，一时气愤，一时欢喜——全是为了陈映真。我们决定给他打个电话，只为向他表示我们的关切。我们猜想他在家里：经过一天一夜牢狱的煎熬，现在和妻子相守在家，也是人之常情吧！

我们打电话的时间在爱荷华是九月四号晚上十点；在台北是九月四号中午十二点。

"喂！"

"陈映真？"

"是！"

“我是聂华苓！”

“啊！聂大姐！我今天回家了！他们待我很好！”

“那很好！我打电话给你，只是要告诉你：在美国许许多多你认识的和不认识的朋友，都对你十分关切。各党各派、无党无派——所有的朋友都在注意你的情况的发展。我们希望事情不要恶化，你可以得到自由。否则，海外的中国人，我还得重复一句，各党各派、无党无派，认识你的，不认识你的——所有的中国朋友都会采取行动！还有，还有爱荷华城的三十几位外国作家，也对你非常关心！他们之中也有坐过牢的，他们也会支持你！现在，安格尔要和你讲话！”

“啊！谢谢！谢谢所有我认识的、不认识的朋友。”

“我是保罗·安格尔！喂，亲爱的陈映真，你听得见我吗？”

“听得很清楚！”

“我们都对你非常关心，对你的情况正保持密切注意。我们美国的作家们也会支持你。希望没有任何事发生；否则，我要去找卡特总统，他对世界各地区的人权极为关心注意，深信个人的自由不可侵犯；我也要去找我的好朋友 John Culver 议员，他是国会军事委员会的委员，也是努力维护国际人权和个人自由的人。还有国际笔会，还有国际人权组织！我们希望台湾当局顾及他们的声望，对台湾地区的知识分子采取开明的态度。现在，华苓要再向你说几句话。”

“好！谢谢！谢谢！”

“陈映真，我只是要告诉你：好好保重！我们全和你在一起！”

“谢谢！谢谢所有我认识的、不认识的朋友们！”

陈映真除了说"谢谢"之外，没说一句话。

（原载《明报月刊》一九七九年第十一期）

踽踽独行——陈映真

聂华苓

　　我在台湾从没见过陈映真。一九六〇年，只有二十三岁的陈映真，在《笔汇》发表一连串小说：《我的弟弟康雄》《家》《乡村的教师》《故乡》《死者》《祖父和伞》，那年正值"自由中国"事件发生，我和外界隔绝，自我放逐，心情极端虚无，没有读到陈映真的小说，也没有见到陈映真，很遗憾，更何况当年他一定是个俊美的男子。

陈映真是思想型的小说家

　　一九六四年，我到爱荷华以后才读到他的小说，如《第一件差事》《最后的夏日》《我的弟弟康雄》，以及后来的《铃珰花》《山路》，隐约感到他的忧郁、激情和孤独。

　　在那个恐怖的时代，作家的倾向，尽可能不触及社会现实。陈映真独树一帜，他的小说不局限于"乡土"，不卖弄"现代"，而是基于对个人"人"的终极关怀，基于人性，用艺术的手法掘挖社会现实，表达他的思想。而他的激进思想，是当时的权力统治者要封闭铲除的。

陈映真是思想型的小说家。他的思想可以从他小小的年纪追溯起。

他十岁那年，目睹台湾"二二八事件"，看见被人打在地上呻吟、鞋袜沾着血迹的外省人，听着大人神色恐惧地谈论国民党军队扬威台北。上小学五年级时，老师在半夜里被军用吉普车押走，住在他家后院的兄妹俩也被人押走。他读初中时，眼看着宪兵在火车站贴出的告示："……验明正身，发交宪兵第四团，明典正法。"读初中时在父亲的书房里发现鲁迅的小说《呐喊》，启发了他对文学思想的探索。他也读契诃夫、屠格涅夫、托尔斯泰，毕竟没有鲁迅的《呐喊》那么亲切。上大学时，他对于知识和文学如饥似渴，读西洋文学，在台北旧书店搜寻鲁迅、巴金、茅盾、老舍等作家的作品，甚至找到《联共党史》，史诺（Edgar Snow）的《红星照耀中国》和《马列选集》这些没人敢碰的禁书。他细读《美和审美的社会功利性》以及《艺术的劳动起源》这一类的美学。一九五九年，他开始写小说，在尉天骢主编的《笔汇》上发表。从此他没停笔，用他冷峻而又丰润的笔，写出大量精致、理性、批判性的作品。同时，他的左的思想渴求实践，和几个年轻人组织读书会，那和台湾的现实是绝对对立的。

用冷峻的笔写出批判性的作品

一九六八年，我和保罗邀请陈映真来爱荷华，同时接受邀请的，
还有捷克剧作家、后来成为总统的海佛尔（Vaclav Havel）。但因陈
映真被捕入狱，海佛尔在苏军坦克车进入布拉格时逃到地下，两人都
缺席了。

我和保罗决定为陈映真辩护，明知那是枉然，早在一九六〇年的"雷
震案"即是一例，但我们要对陈映真的被捕表示抗议，提醒当局尊重
法治，唯一的办法是在台湾找律师为陈映真辩护，但没人敢接那件案
子。后来终于找到一位在台的美国商务律师，当然，我们要预付律师费。
保罗找到一笔钱，电汇给律师，但给那个隐而不见的最高权威扣下了。
陈映真由军法审判判刑十年。一九七五年，蒋介石去世百日忌的特赦，
陈映真提早三年获释，他一出狱就给我和保罗写了信，他在给我的一
封信中说：

在主观的愿望上，我希望能以写小说终此一生。虽然有许多困难，
例如自己才能的、经济的、环境的限制，但我相信我会努力地走完这
条路，不是对于自己有什么自信，而是除此之外，我已一无所能、一
无所有。我看不出在一定的未来时间我能有机会到您那儿去。我倒觉
得去不去并不重要，重要的是我怎样同自己的民族和历史合一，作为
反映我们民族和历史的一个卑微的器皿。

一九七九年九月四日早上，美国诗人辛普森（Louis Simpson）来我家吃早点。门铃响了，厨房的电话同时响了。

"我哥哥又被捕了！他家抄了，父亲的家也抄了，他岳母家也抄了，带走了几箱书。他坐了七年牢，四十二岁了，再坐牢，这一辈子就完了！我们实在不懂。他上次出狱之后，没有任何越轨的行动和言论。他结了婚，办了个小印刷厂。他忙着养三家人——父母、养父母、岳家。有朋友于八月间回台湾看到他，脸色苍白，提着一个公文包赶计程车，忙得不得了。我们实在不懂，好好一个人，为什么不让他过点自由的日子？"

被捕后又奇迹般地获释

陈映真的弟弟映澈讲着讲着，声音哽咽了。

我和保罗根本没吃早点，辛普森胡乱吃了一点，我们都很沉重。三个人谈了一上午，讨论如何拯救陈映真。辛普森是美国很有名望的诗人，得过普立蕴诗奖，曾经是国际笔会人权委员会的委员。我与保罗和陈映真已神交多年，但对于辛普森而言，陈映真就完全是个陌生人。

第二天早上，辛普森又在我家吃早点，当天他要回纽约。他在我家厨房连续吃了两天早点，厨房的电话响个不停，我则像热锅上的蚂蚁，在电话和炉子之间跑来跑去，接电话、打电话，和美国各地的中国朋友讨论陈映真被捕的事。

"我从没见过一个人家的厨房有这么多活动、这么强烈的情绪，又有这么好吃的食物。"辛普森说。他面前摆着陈映真的英译小说和他的英文简历，准备带回纽约。

电话铃又响了。

"出来了！出来了，我哥哥出来了！"

我转身对保罗和辛普森大叫："他出来了！他出来了！"

映澈继续说："不是释放呀，交保候传呀，随传随到，案子还在侦查之中。"

"侦查什么呢？"

"连他自己也不知道。"

陈映真被捕三十六个小时之后，又奇迹般地获释。他不知道为什么被捕，也不知道为什么突然获释。他在《关于十三事件》的文章里写他当时的心情：

我在四日夜间九时许被送到警总军法庭，开过一个谕知交保候传的庭，就由内人具保，回到家里。我立刻驶车到北投见我年迈的父母。在知道我被捕后一直出奇的安详、被一位年轻的治安人员赞誉"具有基督的生命的长者"的父亲，看见了我，才猛然拥我入怀。我泪落跪俯在他颤抖的怀中，不知是悲戚还是再生的喜悦。

陈映真首次和大陆作家见面

我和保罗仍坚持邀请陈映真来爱荷华，一年又一年，台湾当局一再压制，我们一再努力，还有海外作家、学者的声援。

一直到一九八三年，他终于来到爱荷华。那是我们第一次见面，那也是他和大陆作家第一次见面。那年从大陆来爱荷华的是吴祖光、茹志鹃、王安忆，还有台湾的七等生和香港的潘耀明。陈映真和他的祖国的作家相聚，正是他多年渴望的一天。他先一天到达，要和我一道去机场接他们。大陆的作家看见陈映真也非常高兴，好像久别的家人，一见面就谈个不停，彼此好奇，彼此关怀。陈映真对他们说："我要记笔记的。"他立刻言归正传。

那年是中国作家在爱荷华最有趣、最动人的聚会。吴祖光诙谐，潘耀明仁厚，七等生风流，陈映真忧国忧民，茹志鹃沉毅。王安忆敏锐，对人对事，都有她独特的见解，扎两条小辫，明丽透着点儿腼腆，偶尔冒出一针见血的话，多带批判性。她对新鲜事物特别有兴趣，比其他作家活动多一些。七等生风流去了，其他几位作家常到我家来，谈笑之中皆见性情，甚至透着政治意味。他们住在五月花，就在我家这小山旁边。陈映真有时趿拉着拖鞋，端着一锅红烧蹄膀上山到我家来。看着他那神欢形忘的样子，似乎心情回归平常了，我衷心为他高兴。

一天，吴祖光从密西西比河带回新鲜活鱼，陈映真建议蒸了下酒。

潘耀明和吴祖光住在一起，潘耀明待人宽厚，又烧得一手好菜，当然是他下厨了。保罗一人留在家里，对我说："你去喝酒吧，机会难得。"

鱼蒸好了，陈映真还没到。

吴祖光说："陈映真给国民党绑票拉走了。"

王安忆说："我听见他在走廊吹口哨。"

我们吃鱼、喝酒，不断给陈映真打电话，没人回应。鱼快吃完了，他来了。原来他在洗衣房洗完衣服，阿根廷女作家突然开门，请他进去喝杯茶。她谈到自己身世：犹太人家庭，父母从俄国去阿根廷，母亲有神经病，对她压力很大。

"原来你吹口哨，她就开门啦。"我说。

他笑说："她太老了，否则，洗也洗不清。"

他们到我家来看访问五位作家的录像带：丁玲、茅盾、艾青、巴金、曹禺。

陈映真说："真过瘾，不必左顾右盼。"

我笑说："没人打小报告。"

看完五位作家的访问后，他说："大陆作家吃了那么多苦，我所吃的苦算不了什么。"

在大陆作家之中，他对年轻的王安忆最关心，最好奇也最赞赏。那时大陆作家的作品还不能在台湾发表，他在爱荷华一口气读完她送的几本集子。一九八四年，他将王安忆的《本次列车终点》在台湾的《文季》上发表，也许是台湾初次发表大陆作家的作品。他认为："作为一个年轻一代的作家，她的焦点和情感，毋宁说是集中在年轻一代身上的遭遇和感受。她在作品中所透露的批判，虽然没有大陆年轻一代哲学家的深刻，但她所提出的质疑，却有王安忆的认真和诚实，感人至深。"

文学不可能改变世界

陈映真对第三世界的作家非常有兴趣。他特别访问菲律宾诗人、戏剧家和文学批评家阿奎拉（Reuel Molina Aguila），谈论菲律宾在西班牙和美国殖民期间的文学和语言问题，以及目前的文学思潮。在长时间的访问中，最后他问到文学和革命的问题。阿奎拉的回答是："文学不能使革命成功，文学也不可能改变世界。文学只能唤起民众对公理、正义、爱与和平的意识。"

那年有一位西班牙作家卡洛斯（Carlos Alvarez），大家一同乘车到外地去游览，黠慧的巴勒斯坦女作家飒哈（Sahar Khalifeh）在他身边坐下。他只能说几个简单的英文字。飒哈转身对我调皮地笑着说："等他用尽了那几个英文字，我就过来和你聊天。"

"你喜欢美国吗？"她问卡洛斯，说完和我一起大笑。

"喜欢，美国人。政府，不。"

"你结了婚吗？"

"没有。啊，结了，啊，没有。和一个女人一起。"

我们又大笑。

"为什么不结婚？害怕女人吗？"

"是的。离婚。"

他们就那样子用最单纯的语言对话。卡洛斯表达了复杂的个人历史。他在佛朗哥时期坐过好几次牢。他为被暗杀的共产党员抗议，在外国发表文章，坐牢；为工人说话，坐牢。最后一次被判刑四年，在佛朗哥死时大赦释放，坐了二十个月的牢。他从一九五七年到一九八二年是共产党员。

　　"我要访问你！"陈映真立刻大声说，他正好坐在卡洛斯身后。

　　那年秋天，保罗耳后骨发炎，感染细菌，多次去医院检查，终至动手术开刀，映真和我以及家人一同照顾他，和我患难与共。在医院等待室，我和他有谈不完的话，谈的多半是当时台湾的情况。

　　"你是个宗教家庭，怎么对左的思想有兴趣？"我问。

　　"我爸爸从小就教我们，我们是中国人，所以从小我们就认为中国那边才是我们的国家。父亲有鲁迅的书，是中日对照，我拿来看，也不太懂。后来读中学，看懂了一些。读大学时候，我在旧书摊找到一些抗战时期的书，和鲁迅的书正好配合。我的求知欲特别强，找很多书来看。那时日本外务部有预备外交官到台北来学中文，他们那时就准备以后对付中共。他有许多关于中共的书。他说我可以去看，他还把钥匙给我，我可以随时去看书。后来他要走，对他下一任的人说：'这个年轻人不错，书可以尽量给他看。'史诺的《红星照耀中国》对我影响很大。'文化大革命'发生后，世界许多国家受到影响，到处是学生运动。我在牢里，有共产思想的人，有两派：一派赞成苏联式共产主义，另一派赞成中国应该有自己的制度。"

　　"你们在牢里可以谈共产主义吗？"

"在放风的时候嘛。反正已经进去了，还怕什么？"

"我一九七八年、一九八〇年去大陆，才知道千千万万人受到伤害。"

"那时不懂嘛！我们有个读书会。我弟弟老六那时候读中学，他也受了影响，他把我油印的文字拿去印了，分给他的朋友看，他有另一帮年轻人。我完全不知道，他不让我知道。后来我被抓，他也被抓了。我先关在警总，后来在台东的监狱，最后三年在绿岛。一出狱就打开收音机，蒙在被子里听，刚好是《国际歌》，我眼泪直流。"

"你第二次被捕，到底为什么？"

"不知道。为什么放我，也不知道，我一进去，就要我填一种表，那种表是判刑以后才填的。"

我笑说："你对坐牢很有经验了。"

"我第二次一进去，就叫我填表。我心想：完了。第二天，他们把皮带那些东西还给我，我还以为他们要把我带到别的地方去。直到我太太和岳母来保我，我才相信他们真是放我了。"

一九八三年，陈映真在爱荷华那年，他父母在美国奥玛哈的女儿家。十一月中旬，两者和女儿、女婿以及两个外孙女，带了一桌酒席，特来爱荷华和我们聚会。陈伯父见到保罗，两人相拥流泪。他们邀请了所有在美国的中国作家到我家，还有韩国诗人许世旭。陈伯父和吴祖光拥抱，也是泪汪汪的。

陈伯父在饭桌上起立讲话，声音哽咽："十几年以前，映真出事，亲戚朋友全不来了，那是我家最黑暗的时期。那时候有一个美国人，一个中国人，素不相识，却对我们大力支持。这是我一辈子也不能忘记的。我们家一向是向着大陆的，今天可以和大陆的作家们在一起，这也是因为他们两位的关系，我也要特别谢谢他们。"

在爱荷华最动人的一晚

保罗接着说："世界就应该是这个样子，今晚是我们在爱荷华最动人的一晚。"

陈映真在《现代主义底再开发》一文中写过：

一个思想家，不一定是个文艺家。然而，一个文艺家，尤其是伟大的文艺家，一定是个思想家。而且，千万注意：这思想，一定不是那种天马行空、不知所指的玄学，而是具有人的体温的，对于人生、社会抱着一定的爱情、忧愁、愤怒、同情等的人的思考。一个艺术家首先是一个温暖的人，是一个充满了人味的思索者，然后他才可能是一个拥抱一切人的良善与罪恶的文艺家。

陈映真就是具有人的体温、人的骨头、人的勇气的文艺家，一直在他称为"台湾当代历史的后街"中独行。即便现在，在二十一世纪的今天，他仍然是寂寞的、焦虑的，在另一后街中踽踽独行。

（原载《明报月刊》二○○三年第十一期）

一九七九年冬，陈映真（二排右一）与文艺界人士聚会留影

陈映真点化革命乐章

李欧梵

这就是陈映真小说的魔力：把萧斯塔高维契并不伟大的作品引进小说世界中，而使得它听来崇高伟大。

名作家陈映真现在北京养病，台湾《文讯》杂志将于九月底召开陈映真作品学术讨论会，向我约稿。突然想到多年前在香港曾应光华文化中心之邀，做了有关台湾文学的公开演讲，我特别选了陈映真的两本小说集《铃珰花》和《忠孝公园》做例子，因为他所写的题材——五六十年代台湾在国民党"白色恐怖"高压下的左翼知识分子受难经验，在当代香港文学中极为罕见（如今台湾更是如此）。我特别喜欢《赵南栋》这篇小说，此次重读，发现最吸引我的是小说中所引用的音乐典故——萧斯塔高维契的第三交响曲，又名《五月一日》（劳动节），故事的最后一段描写几个身陷囹圄的左翼知识分子即将就义，在那个紧要关头，有位学过音乐的义士张锡命——绰号叫"conductor"（指挥家）——竟然以竹筷权充指挥棒指挥这首饱含普罗革命意味的作品（他在牢里经常默写萧氏交响曲，所以指挥娴熟）。陈映真是这样写的：乐曲开始了，"竖笛流水似的独奏，仿佛一片晨曦下的田园"，然后情绪转向激昂，"简直听见小号的朗敞刚毅的声音了，像是在满天旗旌下，工人欢畅地歌唱，列队行进。他感到了音乐这至为精微博大的艺术表现形式，是那样直接地探入人们心灵，而引起最深的战栗"。

这位指挥家"专注、无我地挥划着指挥棒。一场暴风，一场海啸，一场千仞高山的崩颓，一场万骑厮杀的沙场……在他时而若猛浪、时而若震怒的指挥中轰然而来，使整个押房都肃穆地沉浸在英雄的、澎湃的交响之中"。

我是一个乐迷，也是一个"萧迷"，近来每次聆听这首交响曲，就不觉想起陈映真小说中的字句，于是也学着张锡命用筷子指挥起来，小说中的赵庆云落泪了，我也几乎落泪。这就是陈映真小说的魔力：他可以把萧氏这首并不伟大，甚至被音乐行家视为失败的作品，引进小说世界中，且使得它听来崇高伟大。我曾经问过他这是哪里来的灵感？他说是向音乐专家请教过的。

为什么音乐专家没有向他推荐萧氏的第二（又名《走向十月革命》），或第十二（《一九一七年》）交响曲？甚至第十一号也很适合，因为写的是一九〇五年的工人示威和受难，历史家认为那是十月革命的前奏，我觉得更感人；但此曲第一乐章有一段长的慢板调子，郁闷得很，犹如暴风骤雨前夕的宁静，然后慢慢营造气氛，最后才狂涛汹涌。第十二号交响曲则是一种音乐式的"白描",把十月革命的过程从头到尾表现了出来,比第十一号交响曲情绪更激昂。

我猜此曲"落选"的原因是其中没有合唱,而第二和第三交响曲的最后乐章则由合唱团引吭高歌,颂揭革命。我翻看歌词,实在肉麻、庸俗之至,而陈映真的小说语言早已超过它了,我甚至认为他的文字比萧斯塔高维契的音符更具震撼力!且看《赵南栋》中此曲的合唱部分如何展示出来:

中板合唱声部终于展开了。女高音、女低音、男高音和男低音浑厚宽宏的合唱声,从地平线,从天际,带着大读颂、大宣说、大希望和大喜悦,从宇宙洪荒,从旷野和森林,从高山和平原,从黄金的收获,从遮天蔽日的旗帜,蜂拥奔流,鹰飞虎跃而来。

真不得了!这简直是史诗章法,但其中的意象却又像是声画对位电影蒙太奇手法,我从中感受到鲁迅散文诗《颓败线的颤动》的余韵。

多年没有见陈映真了,希望他现在的心情不像这首交响曲般沉重;也希望他早日康复,不久我们就可以共聚一堂,谈谈萧斯塔高维契或文学理论。

(原载《明报月刊》二〇〇九年第九期)

从《将军族》到《夜雾》

——谈陈映真小说艺术之深化

钟　玲

比较《将军族》与《夜雾》两篇小说，在男女主人公相爱的细节描写上，在反衬手法及衬角的运用上，在结构的呼应手法等方面，都在证明，随着时间的推后，陈映真的艺术手法愈来愈多样化，愈来愈深化。

陈映真在一九六四年一月发表《将军族》，二〇〇〇年十一月发表《夜雾》，其间隔了三十六年。但有趣的是，两篇小说有不少相似之处。本文试从这方面来探讨历经多年之后，陈映真处理类似的题材时如何以更多样的技巧、更丰富的内涵，来深化小说的层次。

这两篇小说在省籍、族群融合的主题上，在男女主人公的社会阶层、地位和恋爱模式上，甚至在题目之象征手法上，大抵都相同，也可以说是一脉相承。

表现了族群融合的信念

首先，两篇小说的男主人公都是外省人，《将军族》的男主人公三角脸是随同国民党军队撤退到台湾的东北人，《夜雾》的男主人公李清皓是台湾南部冈山空军眷村一位老少校的儿子，肯定是外省人。《将军族》的女主人公小瘦丫头是台东人，《夜雾》的女主人公丘月桃是仑背乡人，都是本省人。两篇小说都描写外省籍男子与本省籍女子深深相爱的故事。在主人公省籍的选择上，陈映真表现了族群融合的信念——爱情那么容易地就打破了省籍的隔阂。这种省籍的配对，陈映真也常用在他的其他小说中。陈映真是最早处理省籍融合主题的作家，他反映的是现实，因为台湾本省籍人与外省籍人的通婚现象愈来愈普遍。

在社会阶层上，两篇小说的男女主人公都属比较底层的人物。陈映真惯于描写社会底层小人物在历史、政治、经济的巨轮下所受的压迫和痛苦。三角脸本是军中康乐队的喇叭手，后来沦落，加入一个在葬礼上吹打的乐队。李清皓拥有大学法律学士学位，后来接至在国外获得硕士学位，但他在调查局的职位始终属于基层人员。

两位女主人公的命运都很坎坷。小瘦丫头因为家中穷困，被卖为娼，她不肯干，逃出来到军中康乐队任队员，后来回人肉贩子处还钱，却还是被逼卖身，而且被刺瞎一只眼睛。丘月桃则嫁错了人，丈夫不但花天酒地，对她拳打脚踢，而且做生意用她的户口开支票，欠了大笔债，变成夫债妻还，她只得"躲起来包粽子，做肉丸子卖，开小裁缝铺，把没日没夜挣来的钱分成一笔笔还债"。陈映真选样式地挑了台湾二十世纪五十年代到七十年代两类命运最可怜的女子。

两对恋人恋爱模式类似

这两对恋人的恋爱模式亦有相类之处：第一是男主人公都曾大力协助过女主人公，帮助她脱离苦海，女主人公因此感恩相报，并死心塌地地爱上了男主人公；第二是他们的恋爱都有不可跨越的障碍。

小瘦丫头家中欠了人肉贩子台币两万五千元，是她卖身两年的代价，三角脸把他一生的积蓄台币三万元给她去还债，后来她还是被逼卖身，大概是人肉贩子因为她逃跑而惩罚她，因此借收利息要她还更多的钱。倔强的小瘦丫头没有自尽，是因她"早已决定不论怎样要活下来再见"三角脸一面，好告诉他自己领受了他的恩情。《夜雾》中，丘月桃有一位亲戚是李清皓的大学同学，李清皓受这位同学之托去帮助丘月桃摆脱她丈夫，并减轻其债务。李清皓透过情治单位的关系，把她的流氓丈夫判了刑，并在开说之下，把她的债务大大减轻。丘月桃赢得了离婚诉讼后，就跟定了李清皓，她说："我没碰到清皓哥，就一生也不会知道女人被一个人疼着，是怎么回事。"

这两段爱情也都有不可跨越的阻碍。三角脸与小瘦丫头两人天生都有一种精神上的洁癖，所以他们即使重逢，且可以结合，但却选择双双自杀。小瘦丫头说她不能做他老婆，因为"身子已经不干净"。三角脸则期待下一辈子的结合。他们的死是否必然，已成为文学评论的争议。至于李清皓与丘月桃，虽然两人能相爱、同居，却有心理上的鸿沟。这道鸿沟并不是因为丘月桃爱上了有妇之夫。固然李清皓有妻有子住在海外，但夫妻向来不睦，谁也不管谁，所以在情感上李清皓与丘月桃并无障碍。但是由于他的自闭倾向，造成这一对恋人相爱却不能沟通的困境。因为李清皓在调查局的工作，直接间接造成不少冤狱，陷无辜的人为政治犯，他不仅对他们内疚，而且随着党外活动及其后民进党的兴起，他怕会遭受报复，所以心中充满了恐惧，但是他全憋住不说，最后压抑成狂。丘月桃痛惜他，照顾他，却完全不知道他心中的大结是什么。她只观察到"这两年来，清皓哥变得特别容易害怕"。我想这点也有些争议性，虽说月桃所受教育不多，李清皓的上司丁士魁却赞月桃是个伶俐女子。她与李清皓生活在一起，不可能完全不知道他精神不正常的原因。

小说题目使用反讽手法

至于两篇小说的题目，在象征技巧上，都用了反讽手法。《将军族》的"将军"二字实在是一种讽刺，因为男女主人公都是非常卑微的小人物，与将军的权势和地位有天渊之别，只因为他们穿的乐队制服有点像将军军服而已。但是陈映真加上"族"字就有了全新的意义，作者是指某一类庄严、高尚的人，因此把三角脸与小瘦丫头的高尚情操给衬托出来了。

《夜雾》这个题目也是一种讽刺，因为整部小说没有一个场景是有夜雾出现的，反倒有几场是阳光普照的大白天。像开头第一个场景，在李清皓死后，丘月桃把李的日记本送来给丁士魁，就是个阳光普照的日子。李清皓受刺激完全疯掉那一场，就是他在百货公司遇见遭冤狱的张明那一场，也是个五月阳光"炙人"的日子。李的日记中常写他失眠惊醒，但却没有一个夜是雾夜。陈映真自己将"夜雾"的谜底揭晓："夜雾"象征着调查局数以万计的调查员。由李清皓的眼中来看，调查局的人可能已经政治转向，倒向民进党，他昔日的同僚现在都成为陌路人或敌人，他说："你们是这城市里到处漂流笼罩着的夜雾。做了什么，竟让你们把我一个人扔进了豺狼的洞窟，却又铁了心肠不肯来联系。"陈映真以"无所不在、阴狠、寒冷"来形容夜雾，也是以此直指调查局无孔不入、阴狠、冷酷的本质。李清皓虽然本性正直善良，但他已被这种职业的本质扭曲、毁灭了。

善用反衬技巧烘托人物

相对《将军族》而言，《夜雾》的内容更丰富、结构更复杂，李清皓与丘月桃的爱情也写得更生动。在角色的塑造上，《将军旅》的三角脸没有真正的衬角，《夜雾》的李清皓却有两个衬角。而《夜雾》

在整体结构上也多了不少向度。

《夜雾》中有一段写两人的相怜相爱，写得非常生动。半疯的李清皓在清醒时刻告诉丘月桃说，她辛苦带他到处求医，令他过意不去。丘月桃却哭了，她完全不觉得自己辛苦，只怜惜对方，说看见他"喘着氧呼吸，恨不得这些病都生在她身上"。人性自私，常嫌别人对自己不够好，像他们两人这般互相感激，是一种非常的深情。相对而言，《将军族》中的三角脸与小瘦丫头重逢之后的含蓄与从容就义，就少了些人情味，但也令《将军族》平添了超现实的层面。

丘月桃对清皓的体贴入微做到了极点。李清皓的出殡告别式由他美国回来的太太与儿子办理。因为丘月桃的身份尴尬，丁士魁叫她不要出席，丘月桃却偷偷去了现场。她当然不是去争地位，她甚至不是去向李清皓告别，而是因为她对死去的他如生前一样地体贴入微。李清皓患了精神分裂症中的受迫害妄想症，时时刻刻都活在恐惧之中。丘月桃怕他上路时会害怕，她说："我偷偷地站在那儿，心里不停地叫唤着，清皓哥，我在这里送你哩，你不怕，不害怕……"

在《将军族》中作者用主人公的一件物件来反衬他的情绪，就是喇叭。当三角脸考虑要把毕生积蓄给小瘦丫头去还债时，他正在擦拭自己的喇叭："铜管子逐渐发亮了，生着红的、紫的圈圈。"红、紫这些色彩衬托出三角脸内心的激励和起伏。

《夜雾》则用了更复杂的衬角技巧。李清皓曾负责高等院校的思想监控。林育卿是一位被调查局吸收的大学生，透过李清皓，他打了他历史老师的小报告，结果历史老师被判七年徒刑。但林育卿后来发现自己断章取义，冤枉了老师，因为内疚而变得精神失常。林育卿的精神失常反衬出李清皓的疯狂。李清皓的上司丁士魁则是他另一位衬角。丁士魁扮演代理父亲的角色，李敬他如父，他对李也一直非常照顾。丁士魁与李清皓的相似之处是，他也是一个比较正直而有人情味的人。例如他阻挡月桃去参加李的葬礼，月桃佯装答应，丁的反应不像是个冷酷的情治人员，他"像一个犯错的人忽而被怜悯地宽赦了那样，懊恼又有些羞愧"。在承受精神压力的描写上，丁士魁也是李的衬角。李清皓受不了内心的压力，疯了；在官场上打过滚的丁士魁抗压性较强，只患了五个月的高血压。

《将军族》有一种独一无二的特色，就是其贯穿全篇，化悲为喜的气氛，尤其首尾之呼应。一开始是出殡办丧事，天气却是阳光绚烂，连乐队所奏的哀乐，"也和这天气一样，有一种浪漫的悦乐之感"。小说结束时两人自杀陈尸的场景，却描写为两人"看来安详、滑稽，却另有一种滑稽中的威严，连围观的农夫都笑起来，说他们直挺挺地躺着，像两位大将军呢"。如此悲与喜两种极端情绪的强力，很能打动读者。

《夜雾》用了不一样的几种呼应手法，尤其是接电话的重复动作，以及结案的重复动作。故事一开头是丁士魁接了个电话，故事结尾的时候，也是丁士魁接了个电话，这两个电话在情节的推动与象征的意义上都处理得可圈可点。开头时的电话是丘月桃打来的，为的是她想把李清皓的日记送到丁士魁手中。也就是透过这本日记，我们读者进入了主人公的内心世界，了解到他走向疯狂的历程。开始的一通电话带出故事的主体。结尾时的电话来自丁士魁早期的许姓学生，他在调查局已经做到处长了，是本省籍人，所以民进党上台后，他成为红人，特地打电话来找老师重新担起调查工作重任。丁士魁喜出望外地接下工作。这个结局的反讽是，李清皓在疯狂过程中最害怕的事终于发生了：他最害怕的是调查局的同仁一个个全倒戈投靠以前的敌人，留下他一个人。现在连他精神上的父亲也背叛了他，变成鬼魂的他就更加孤苦无告了。

作品极富人道主义情怀

另一个结构上的呼应手法，则是丁士魁一而再，再而三的结案动作。他要结的是李清皓的案子，花几天时间读完李的日记后，整理了一下，打算连日记附报告呈上去，以专案研究存档，作一了结。丁还做了调查工作，去探访李清皓住精神病院时的主治医生，回来后要开始写报告，却因患了高血压而停笔。病愈后连报告内容都想好了，却因为民进党上台，他打算退休，又搁置了结案。我想当他成为民进党治下调查局的当权派时，原本想好的报告内容会因为改朝换代而不合时宜，因此李清皓的这个案子会永远搁置下去，永远结不了案。像李清皓这种小人物，孤苦无告，就这么无声无息地消失了，连个档案也没有。这结局的言外之意是，陈映真这篇《夜雾》是替李清皓这种小人物翻案，替那些在政治制度下受苦的小人物抒发他们的冤情，替他们说话，不让他们的案子无声无息地消失，因此这篇小说充分表现了陈映真的人道主义情怀。

陈映真小说的艺术性，大抵说来是相当强的。正因为艺术性强，才能感动人，他的信息才能传达。比较《将军族》与《夜雾》两篇小说，在男女主人公相爱的细节描写上、在反衬手法及衬角的运用上和在结构上的呼应手法等方面，都在证明，随着时间的推移，陈映真的艺术手法愈来愈多样化，愈来愈深化。陈映真在浸会大学二〇〇四年二月十七日召开的浸大驻校作家记者招待会上也曾说，他虽然主张在创作上意念先行、政治思想先行，但小说的艺术性至关重要，没有艺术性而只有教条口号，根本不能吸引读者。看来陈映真的的确确以高超的技巧，实现了创作所必备的艺术性。

（原载《明报月刊》二〇〇四年第四期）

《台湾小说里的两个世界(1960—1970)》序

夏志清 著 周兆祥 译

由于拙编《二十世纪中国小说选》（一九七一年，英文版）只收了三位台湾作家（聂华苓、水晶、白先勇）的作品，我在序言中曾表示希望"不久的将来我或其他学者能够编出一本台湾小说专集"。未及五年，这愿望就实现了，我感到很高兴，因为刘绍铭编的《台湾短篇小说选：一九六〇——一九七〇》出版了，其中除白先勇外，还选了十位在台湾长大及受教育的重要作家。几个月前，"编译馆"出版了一套范围较广的《中国现代文学选集・一九四九——一九四七》(*Anthology of Contemporary Chinese Literature*)，是齐邦媛教授等一组翻译人员多年来工作的成果。该集长达一千多页，收录了二十二位诗人及十七位散文家的代表作(上册)和十七位小说家的二十三个短篇(下册)。由于该书行将由华盛顿大学出版社代理发行北美，本书读者可以很容易找到，进窥台湾文学更多方面样貌。在一九七一年时，我未曾料到短短几年间，西方读者会有如此充分的机会认识台湾文学。

台湾小说界人才济济，因而只有五位小说家同被选上了《中国现代文学选集》《台湾短篇小说选》二书；这五家（黄春明、林怀民、白先勇、王文兴、於梨华）之中，只有白先勇的《冬夜》同为两书收入。以上两书加上拙篇《二十世纪中国小说选》合计，共二十五家，三十七个短篇小说。若加上较早期在台湾出版的几个选集，以及在一些期刊如《哗丛》（*Renditions*）及《中国笔会季刊》（*The Chinese Pen*）等上发表的单篇作品，则数量远不止此。

齐邦媛编的选集收了一些年龄四十出头的小说家，其中最值得注意的有报界闻人彭歌，女作家林海音、孟瑶、潘人木，以及三位退伍军人朱西宁、司马中原、段彩华，他们早在军中时已开始写作。不过由于六十年代的台湾文坛较五十年代热闹，刘绍铭特别注重六十年代的所谓第二代作家，因而较齐教授的选集更为多姿多彩。虽然我绝不以为那些只在选集中出现的作家，较不值得严肃的西方读者注意。刘教授固然可以也收入水晶、施叔青，或者还有欧阳子（三家皆见于其他两集），但他选的十一家无疑全属六十年代最重要作家之列，他们大多数在七十年代仍写出杰出的作品。书中的五六个短篇在杂志上初发表之际曾轰动一时，大受批评者注视；其余各篇都可说是各家代表作。

台湾也像美国一样，严肃的作家愈来愈多与大学扯上关系，他们曾在大学受高深教育，后来还受聘为教员。不过虽然有着这种不会改变的趋势，本书所选的十一位作者，留在学府中的与在学院门外的各半，这是个可喜的现象。其中六位被视作"学院派"，因为他们全都在美国念过研究院：张系国为电机工程博士，其他五位（陈若曦、林怀民、白先勇、王文兴、於梨华）都为文学、新闻或文艺创作硕士。但这六人之中，只有白先勇及王文兴拿到硕士学位后，一直在教书。张系国受过科技训练，通晓文理"两种文化"，至今一直有时在大学教书，有时做工业研究，工余不但写小说，还写一个报纸专栏。林怀民在大学教英文，近年更以舞蹈家及舞蹈设计家闻名，但亦间中创作。至于本书所选的两位女作家：於梨华兼职大学教师，陈若曦刚在银行找到一份工作，两人都在北美住下来，有子女要照料。

王祯和念西方文学，曾留美一年，也可算入学院派；不过以他的生活方式及小说风格而论，显然该属于其余四作家（陈映真、七等生、黄春明、杨青矗）之列。这五位也像学院派的陈若曦及林怀民一样，是台湾本省人，他们的父母及祖父母在日据时代居住在台湾。"国府"抵台大事改善生活环境之前的台湾落后生活，他们都有相当印象。这几位作家似乎纯出于热诚而写作，为了谋生，他们也各有职业，但社会地位并不高，虽然有两三位生平背景鲜为人知。这五人的短篇小说，无疑反映出他们非常熟悉乡村、小镇或者大城市如台北、高雄的底下层生活。比起由大陆迁台的第二代作家来，台湾土生作家（包括早期的陈若曦在内）的盛情关注及取材方面，自然较具乡土性。

我无意把这十一位作家的生平详加叙述，因为他们的作品才是本文讨论的对象。我们不妨先把台湾六十年代的作品，跟读者较熟悉的三十年代大陆的作品比较一下。三十年代既是左翼作家的黄金时代，二者相比之下即可见出：本书的作品绝不像大陆三十年代的那样，由某种意识形态笼罩着，虽然书中有几篇思想调子颇一致，都带一些所谓"存在主义"的味道。另一个明显的分别就是大陆三十年代的思想含有浓厚的爱国反日情绪，而台湾六十年代的小说，则有意避免承袭台湾五十年代小说那种刺耳的爱国腔调，同时表现出地方性，以本省为本位。五十年代有不少反对小说面世，但到了五十年代后期，有一代新的作者及读者出现；他俩虽然百分之百保留中国人的身份，亦颇缅怀大陆的事物，却对台湾及美国（因为他们或者有一天会去美国）的情况比对三四十年代大陆发生过的战乱灾祸，更表关注。由此看来，台湾出现的以本省为本位的小说，反映出年轻一代不再一律口口声声爱国；而大陆三十年代那些乡土小说，都是日寇侵略扩张的直接反映。尤其是东北流亡作家，诸如萧军、萧红、端木蕻良等，在三十年代大受欢迎，因为当时东三省已陷敌手，学生读者至为关注该地人民在敌伪政权压迫下的苦难和反抗。今日台湾乡土作家，也在年轻一代读者中得到同样的好感，因为台湾是他们唯一能够骄傲地称为自己的中国省份。

　　不过，这些作者虽然与大陆三十年代的作家在意识形态、心情，以及地区关注之大小各方面都有不同，他们却与那些前辈一样，特别关心年轻人及穷人。这两代小说家都把感情移注故事中那些年轻知识分子身上，同情他们对社会现状的不满、对改善世界的渴望，或是对自己在现实面前无能为力的绝望，但这些作者也不放过讽刺那些举止轻浮而又崇洋的年轻人。今日所谓学院派的作家虽不至于身体力行，去体验普通大众生活上做得重视的情状，但他们关心贫农、苦工、退伍士兵、妓女等的处境，实在不亚于那些乡土小说家。虽然本书所选的作家中，只有陈映真被怀疑左倾，但各人却承继了关心青年人及穷人的传统，这是现代中国小说精神延续的明证。

与三十年代住在大陆的人相此，今日住在台湾的人无疑幸福多了。由于政府土地改革成功，使耕者有其田，昔日那种土豪劣绅已销声匿迹，本集的小说中再见不到他们的嘴脸；相反在三十年代的小说中，大地主几乎都是剥削者。而且，今天台湾的工商界领袖，要么是比以前大陆时期的同类人物厚道些了，要么就是他们的公共关系做得好，把他们的贪婪掩盖起来了，因为在这集子所收的小说中，我们看不到纵欲自私的大腹贾，也看不到剥削工人权益的刻薄厂商。陈映真在《第一件差事》中所写那自杀身死的胡心保，虽是个美国式商人，但作者却把他看作一个为人生问题而烦恼的知识分子来处理。《蝉》中的大学生，吃喝玩乐之余，一下子就觉得厌倦了，他们令人想起茅盾《子夜》中那些上海阔佬的子女。不同的是，在《蝉》里的青年三句不离存在主义，讲些人生的空虚和无意义，看起来比茅盾笔下的少爷小姐严肃些和较值得同情些。

传统的封建礼教，在三十年代大受巴金等小说家攻击，今日早已失去影响力。虽然政府正大力提倡孔孟伦理，陈映真似乎对之相当讨厌。他笔下那个负责调查胡心保死因的警察恰值新婚宴尔，兼且以孔教信徒自居，不用说认为胡氏寻死有乖伦常，这倒使读者更加同情主人公。不过，作者并未全心全意去讽刺封建思想，因为读者对那警察的印象相当不错：至少他调查这案件时保持客观的态度，或者甚至表现出同情心。其他的作家就算关注到封建道德的问题，也不过是针对它昔日左右民生的影响力而已。

　　於梨华以描写旅美华籍知识分子的生活而著名。她的小说很多以美国那些或多或少解放了的中国女子为主题，刻画她们的痛苦与放荡情况，这次却选了自己幼年浙江故乡生活的回忆，作为《柳家庄上》的主题，借此探索一个受传统束缚的女子的内心世界。女主人公翠娥为日军手下出任村长的无赖所强奸，因此受尽婆婆歧视恶待，终于连她丈夫也起了疑心，转爱为恨。但作者持一贯的态度，强调整个故事的罪魁祸首并非那村长，而是那婆婆——她不单摧毁了翠娥的心灵，还几乎断送了她的一生。

　　杨青矗的《冤家》是个更黑暗的故事，发生的背景也和《柳家庄上》相似。故事说台湾日据时代有个女子把刚出世的男婴溺死在公厕里，因而遭日本警察拘控。这些日警虐待成性，比起三十年代张天翼笔下的地主还令人发指：他们逼全村未嫁的女子列起队，露出乳房，逐一给他们以手榨捏，以找出弃婴的生母。但这些日警这样做，却算是卫护礼教。而女主人公之所以做出这件残忍的惨事，则是因为她伯父铁石心肠，不肯让她跟爱人结合，所以这悲剧其实是她伯父所造成的。他一方面要维护家族名声，一方面甘心忍受日警酷刑，固然不能说不值得尊敬，但如果他不是那样固执守旧不肯放弃传统礼教，那对有情人实可成为美眷，那弃婴也可好好活下去了。

　　本集所选的小说中，明显地描写封建制度残酷一面的两篇（《柳家庄上》和《冤家》）都同样发生在日据时代，足反映出近年台湾的社会状况大有改善。今天台湾的现实，能供给作家第一手资料去写"吃人礼教"的，实不多见。事实上台湾的中产阶级，早已不能再左右儿女的婚事。做父母的往往把女儿送到美国，希望她们嫁给华籍博士，从此快乐地生活下去。但这种美梦多数难圆（描写这种情形的小说不少，但未收入本集），那些女子到了美国可能下嫁白种人，或者独身终老，但却为了面子自尊，宁可忍痛住下来，也不肯承认失败返回台湾。这些解放了的青年人要自己去应付生活上的问题，他们不再受束缚，对"传统"的一切，实在没有什么可抱怨的地方；虽然在感觉上，他们觉得有些拘束，不能像他们的美国朋友一样为所欲为。难怪《蝉》中那个思想解放了但并不快乐的女主人公陶之青理直气壮地抱怨说："我们中国人一辈子也没有法子完完全全开放自己，五千年文化，一块大石头似的压在你背上。有好多好多的 bondage 把你捆得透不过气来。"

值得注意的是：这位埋怨传统文化的女孩子，虽带"叛徒"的气质，结果还是身不由己地进了美国一所大学。她姐姐人在美国，替她办妥手续，她便即时飞美了。后来她及时结了婚，生了两个孩子；而且更妙的是，她为了松弛神经，竟参加了一个平剧社学唱平剧。她放弃以往对摇滚乐的狂热爱好而转向平剧，本来没有什么不对，但她无疑是为自己现时所过的美国式生活感到惭愧。因为在她看来，平剧代表了传统文化的桎梏，摇滚乐才代表着年轻与解放。虽然有过一个短时期她曾与台湾的朋友一起放荡不羁，结果证明她其实非常体谅父母，比过去时代的孝顺儿女不遑多让。她的父母也该为她深感自豪：不管她自己快乐不快乐，她已收心敛迹，过着令人羡慕的美国中产阶级生活。

不过即使在五四时期，鼓吹革新者也并未全盘扬弃旧传统。鲁迅和周作人对旧文化的攻击可谓不遗余力，但空下来时，他们所怀念的，却是儿时的种种乐趣和哀伤——而他们的童年都是在旧传统中度过的。今天台湾工业化的步子一日千里，旧社会的生活方式消失得很快，读者很喜欢看到对旧日事物的描述，台湾的散文家也莫不写怀旧小品。这集子所收的小说，有一个并不明显但非常重要的主题，那就是在经济建设急剧发展中，台湾居民对旧日简单宁静生活的怀念。陈若曦的《最后夜戏》，就是描述"歌仔戏"在台湾式微的情形：连小市镇的观众也厌倦这种旧派戏了。故事的女主人公诚然已"声衰艺老"，但她染了海洛因癖，也暗示出有一种"地下文明"存在，足以破坏传统农村的价值观念。王文兴的《欠缺》，在某种程度上，也是怀旧之作。从一方面看：那是一个超越时空的故事，叙述一个男孩子开始察觉到性的需要，以及初遇大人世界的险恶奸诈的经过；但在另一方面，小说里那个把他迷倒的神秘女骗子，却拥有同安街的新房子，这些新房子象征了对同安街后果堪虞的转变。那条小街是王文兴童年回忆的一部分："那个时候的同安街，可以看到花猫尤在短墙头懒懒地散着步，从一家步到另一家。街中是满眼的绿翠，清芬的花气扑鼻。"这个裁缝店女主人不但挟了不少街坊的金钱逃之夭夭，还狠狠地打碎了那孩子的初恋甜梦。她无疑像是工业化后的台湾"市侩文化"的象征，这种文化终有一天要吞噬整个台北市。

　　不过张系国的《地》中那一班大学生怀念逝去了的青春，却并非显示他们了解到社会每况愈下，而是由于他们自知既没有机会升迁，也无法对社会做些有意义的事，因而感到为这社会所困，走投无路。所以他们重聚之时，就下棋作乐，兴高采烈地喧闹一番，希望重温高中同窗时的快乐，但他们终于还是办不到。这些年轻人不过二十多岁，言行竟故作稚态，但同时表现出对未来无可奈何而又放弃奋斗的态度，着实发人深省。不过他们似乎只有一条路可走，就是到美国去念研究院，他们其中一个（小禹）就终于走上了这条路。

在现代中国小说中出现的青年知识分子，一向都在顽抗传统以及帝国主义的势力时显得最高贵。本集所收的各篇小说中，竟然找不到这类人物，令人不禁觉得台湾第二代的作家，早已和三十年代流行的那种左派的英勇反抗传统脱节。但事实上台湾"国民政府"一直提倡民族英雄主义的文学，即使在今日，有些军人出身的作家如朱西宁、段彩华等仍然充分合作，虽然他们的作品未必尽流于宣传的层次。较年轻的作家，都不大愿意刻画日寇侵略，可见他们珍惜自己的才华，不肯将就写自己未曾经历过的事物。他们不像老一辈的爱国作家那样热切渴望回大陆，但不少来台的人，在异地大感脱节，无法适应安顿，因而造成种种恶果，第二代的作家却看得清楚。《第一件差事》中那个自杀者，以及《地》中那些参加过内战的老兵，都深深地感到痛苦绝望，究其原委，亦因为他们被逼逃离大陆家园。可是，陈映真在台湾长大，张系国一九四九年随家人徙台时不过五岁，二人提到内战，都只能模糊地一笔带过。在第二代作家中，独有王文兴写出自己未亲身经历过的战争。但他那个中篇《龙天楼》虽然叙述国共内战最惨烈的一场战役——太原之役，本质上却是个富哲理的寓言，探究生、死、命运等问题，恐怕与史实关系不大。故事中也只有开头和结尾描述余生者在台中酒楼重聚，笔触逼真，极见功力。

正如前文提及过的，这些第二代作家也不会把知识分子描述成反抗传统的战士。传统在社会上已无足够道德威信来左右他们的生活方式。只要不鼓动反政府的情绪、不搞颠覆活动，知识分子可随意选择生活的方式；一旦去了美国，只要他情愿，大可以变成共产党人。但不管他到了哪儿，内心总时时惦挂着自己个人及中国前途的渺茫。所以，在近年的台湾小说中，知识分子转向内心方面探索，他们找不到具体的理想去奋斗，也没有可识别的敌人可以对抗。在本集中就可以找到几个小型的哈姆雷特，在思索着生命的意义。《第一件差事》及《蝉》两个故事中的自杀者都是好例子（虽然林怀民未曾清楚说明，那孱弱又犯上了各种敏感症的富家子弟范绰雄，究竟是否故意自溺）。

在《近代中国小说史》的结论中，我曾提出过这样的疑问："究竟中国人研究了西方文学，可曾使精神生活更丰富？"我这样说，是因为觉得现代中国的小说家，一般都未能比得上西方的大师那样，能令人读过他们的作品之后，深深思索其中提出的哲学问题及对人内心的剖析。不过近年台湾的小说似乎已有了新的转机，至少许多作品都好作哲学上的默想。到了五十年代后期，不少小说家及诗人已发现：存在主义思想正好适合表达他们当前彷徨的处境，未知下一刻该做什么那种心情。虽然在实际生活中，这些作家表现不出存在主义者那种面对荒谬情况的大勇，但他们显然一方面看到四周的人浑浑噩噩生存，从不思索生命的意义，深感恐怖；另一方面又知道愈想下去，生命愈益痛苦，那又是同样恐怖的事。因此《第一件差事》中的胡心保不断在想："人活着真绝。""人为什么能一天一天过，却明明不知道活着干吗。"七等生那篇《我爱黑眼珠》的主人公李龙第，认为盲目地求生是可耻的，他看到人们在大水中争先恐后地攀上架设的梯子爬到屋顶上，自私地践踏他人，就愤慨地想："如此模样求生的世人多么可耻啊，我宁愿站在这里牢抱着这根巨柱与巨柱同亡。"但《蝉》中的陶之青则认为思索生命意义就是自讨苦吃："其实我们什么都不要想，而我们就会活下去，而我们就活下来了，我们什么都不必想，不要去想……"

在西方读者看来，这些思想赤裸裸地表达出来，既没有哈姆雷特独白里的那种意境，也没有何索书简里所表现的那种渊博，不免会感到索然无味。但我相信这些新的哲理小说，虽然无意在思想方面创新，然而那些第二代的作家煞费苦心去创作故事，以阐明某些人生的处境，却很值得我们景仰。刘绍铭曾指出：这些作家几乎全部"在其写作的成长期间，总写过两篇寓言体的小说"。的确很有道理。在本集各故事中，七等生的《我爱黑眼珠》无疑是一篇很突出的寓言，虽然它的寓意并不明显，又或者正因如此，它才特别引人入胜。李龙第绝少与人交往，只有在他到街上散步时，邻人才得见他一面。他看来很爱妻子，也需要她情绪上支持；可是在大水之中，却当着各种逃到屋顶避灾的人面前，假装同她毫不相识，不理会她的呼喊，表现出的那种冷酷，就如杜斯妥也夫斯基的小说中所见的一样。因为他救了一个年轻病弱的妓女，并对她至为友善，他相信在那种情境下，根本没有可能教妻子冷静下来听他解释，所以只好不理睬她。他这样做令她妒忌得发了狂，但其实他要是好好地解释一下的话，她一定不肯听吗？何必口口声声说有一条"巨大而且凶险的鸿沟"挡在他们中间？这条鸿沟可不是他自己筑成的吗？

唯一可以解释这种怪异行径的理由，就是他救了那妓女，自己也做了一件一生中最足以自豪的事。他把自己的人性与责任心连在一起。因为他觉得，大家同属枯肆之鱼，理应相濡以沫。既然对她友善，保护她，让她以为他全心爱她，这可以使她快乐无此，他觉得自己应该这样做。故事结尾时，他送了她上火车回家乡过新的生活后，决定好好休息几天，然后再寻找妻子，与她重修旧好。但她受过了这连串羞辱之后，会愿意冰释前嫌吗？

《嫁妆一牛车》和《看海的日子》成为台湾乡土小说中最受欢迎的作品，殊非幸致。二者都不是有关知识分子的故事，可是正因为这两个故事不用处理知识分子苦恼的问题，使王祯和及黄春明减少了心理上的负担，非常成功地赞颂故事中人为争取自尊所做的努力——不管结果是成功抑或是失败。万发和白梅两人虽然备受折磨，可是他们那种不怨天不尤人的精神和面对生命的勇气，把本集中一些稍微碰到挫折就觉得丧气的青年男女羞死了。跟万发和白梅比较，他们可说是没有受过什么苦。在描写人争取尊严的奋斗方面，陈映真的哲理叨叨不休，七等生往往故弄玄虚，都不及王、黄二人成功。

《嫁妆一牛车》开头一幕发生在一所料理店内，四五个年轻的村民正对着四十多岁的聋子万发冷嘲热讽，因为他为了维持家计，默许妻子跟人私通。这既是个惹笑的故事，作者也站在那些青年一边去取笑他，和鲁迅取笑阿Q的态度不相上下。但阿Q虽然同样不名一文，却是那个时代中国的耻辱的象征，万发则无论怎样都维持不住起码的家计，而是个"正派人"；他很想拥有一部牛车，但怎也储不够金钱去买。从这方面看，万发有点像老舍笔下那个长期切望拥有一辆人力车的骆驼祥子。后来还是靠那姓简的衣贩子慷慨解囊，万发才得偿夙愿，但却要饱受屈辱，容许老婆阿好跟他公然相好。

在某个层次上，《嫁妆一牛车》实在是个"吹牛的故事"，因为以姓简的经济能力，大可以在村中别处找到较好较方便的住处，绝无理由要搬到坟场的弃置茅房去住，从而认识万发夫妇；他也绝无理由不断去泡这个年纪至少比他长十岁而又丑不堪言的阿好，他既有钱又有衣料，大可以得到年轻乡下女子的欢心。以事论事，万发既不能人事，就不应该妒火中烧，在得悉老婆跟简搭上后，竟愤怒至极，拒绝他的经济援助。

王祯和既然认真研究西方文学，上述种种违反常理的情节，显示出他写这个使人捧腹的故事其实另有寓意。那个从天而降的简，实可视作约伯故事中那个与上帝打赌的魔鬼，存心要考验万发忍受痛苦的能力。万发穷得无以立锥，卖了三个女儿；简以诱惑者的身份来到，满身臭味——可算是魔鬼的标记。万发虽然又聋又穷，一闻到这人的味道就讨厌。简雇用了万发的儿子，阿好便日益与他亲近；万发少养了一个儿子，经济得以好转，但对老婆则疑心日重。他日夜监视她，结果那对偷情男女还是用计使他醉酒饱食后沉沉入睡，骗过了他。万发两次鼓起做丈夫的气概，把简轰了出去，简一声不响就走了。奇怪的是，简一走，万发就接连碰上不幸；最后终于坐了牢，对阿好和简通奸的既成事实，只好默认了。魔鬼打了胜仗，而万发也只好心满意足，接受了牛车这件"嫁妆"。

料理店内那四五个青年耻笑万发，就好像站在上帝那一边的传统道德家一样，因上帝看似打了败仗而迁怒于他，但他们当然看不出他为了维护面子已尽了多少力。比起骆驼祥子来，万发坚强得多了。祥子每次遇上厄运就气馁不已，终归自取灭亡；我们自始至终对万发充满好感。魔鬼奸狡地贿赂他，使他终于妥协落败，但我们也绝不敢自承比他伟大而蔑视他。一个一贫如洗又性无能的人做了王八，的确可笑，不过挨饿实在不是好玩的事。

如果万发是中国的约伯，失败了仍得到好的报应，那么《看海的日子》的主人公白梅，可视为一个对自身命运充满伟大理想的圣女。她身为土娼，饱历辛酸，却能克服命运的控制。就写实小说的层面来看，这个故事已够取信于人了。但为了更深一层了解她博大无穷的人性，我们不妨把《看海的日子》当作宗教寓言看。中国近代文学中，再找不到一个与白梅等量齐观的女子。在这神祇委弃的世界中，她散发着信仰和希望的光芒。许地山有一篇题名《玉官》的小说，主人公也是个圣洁的女人。不同的地方是，玉官是个基督教的传教士，她一来有职业上的反省习惯，二来从未尝过当土娼的屈辱与环境的折磨。不错，她不断地和自己内心斗争，以求消除胸中一切私念，可是与白梅为求出于污泥而不染所做的努力相比，后者的心路历程，实在更为艰难。

旧时描写歌妓、宫女的哀怨，每每不着边际，因为诗人没有把这种女子所受到的真实侮辱写出来。"三言"小说中的妓女，所受的苦难比旧诗中的来得真实了，可是在文人的笔下，她们总还是千篇一律的才貌双全。直到近代中国文学开始重视人性的尊严，才终于让我们读到有真实感、孤立无援和惹人同情的下等妓女，像二十世纪初《老残游记》中的翠花和翠环一样。白梅和她年轻的女伴莺莺可说是翠花和翠环的后裔，她们两人在窑子时的友情以及火车上偶然重逢的两段文字，写得栩栩如生，赚人热泪，感人腑肺，刘鹗如果看到，一定会爱不释手。

　　依照着台湾当地的陋习，白梅和莺莺出身寒微，父母无法供养，她们自小就被卖给人家收养，然后被养大做妓女。白梅十四岁就被卖给了妓寨，在故事开始时，已在这行业里混了十四年了。我认为小说里最令人感动的一段，就是她探访养母时，养母骂她"烂货"，她反驳的一段：

　　是的，我是烂货，十四年前被你们出卖的烂货。想想看，那时你们家里人的生活是怎么过的？现在是怎么过的？你们想想看。现在你们有房子住了。裕成大学毕业了，结婚了。裕福读高中了。阿惠嫁了。全家吃穿哪一样跟不上人家？要不是我这烂货，你们还有今天？

　　不过那养母虽被骂忘恩负义，仍然关心白梅，促她离开火坑，找个归宿。黄春明的文字，有时虽嫌粗心大意和啰唆，却未像别的作家一样感情用事，把欺榨妓女的角色一律写成坏蛋。他并没有谴责白梅的母亲把白梅卖给人，也没有非议那些在海上辛劳后上岸寻欢作乐的渔民。

在《老残游记》中，翠花和翠环靠了老残和黄人瑞侠义相助，赎身为他们二人的侍妾；莺莺也同样幸运，找到了一位少校做丈夫；但白梅已达二十八岁，在这行业的日子那么长，实在不可能希望以这个方式重见天日。不过，她在火车上见到莺莺与三个月大的儿子所表现的天伦之乐，竟然大大激发了她的母性，决定要生个孩子，就算没有丈夫也不计较。后来她终于找到阿榕这样一个年轻善良的渔夫为她受胎，然后回到生母家乡待产。

产期来到，果然生了个儿子，虽然几乎为他丢了性命。可能有些读者会觉得描写生产那些篇幅太长，但作者显然含有深意在内：这不仅是一个妓女个人的生死斗争，还是她追求新生的第一步，因为她把做人的希望和意义都寄托在这男婴身上了。我们既然以宗教寓言的眼光来看这故事，那么我们可以说她一出现就给阔别二十三年的故乡带来好运，就像她跟阿榕接触一次就怀了孕一样，同是宗教性的奇迹。在堕胎已在世界各地合法化的今天，能够读到一个以如此庄严肃穆的笔触，去描写为了生孩子而性交、为了自我救赎而分娩的故事，实在是一种——容我再用一次成语——感人腑肺的经验。在本集十一个故事中，《看海的日子》最能表现人类的坚忍精神，以及对未来的美丽寄望。在这方面，黄春明的信念与福克纳相同，福氏相信作家的职责是"叫人想起人类昔日的光荣——勇气、荣誉、希望、自信心、骄傲、同情心、慈悲心、牺牲精神——借以鼓舞人心，使人增加忍受苦难的能力"。较早期的现代中国小说家行列中，能够实践这项职责者，沈从文要算是最突出的一位，而且他写的这类给人勇气、希望的作品数量相当可观。现阶段的黄春明，已堪作沈从文的继承人。如果他继续写作，不滥写，不糟蹋想象力，说不定会成为中国的福克纳。

以上评论本集的作品时，我一直强调第二代的作家。每写到做自己一样的知识分子，面对茫茫的前途时多感绝望，也强调这批作家古道热肠，同情那些贫苦的同胞。因为后者对台湾的前途以及世界的政治情况一无所知，从而不会感到绝望，反而尽力为生存及尊严而奋斗，令人感到人间终归仍有希望和爱的存在。稍为涉猎过现代中国文学的西方读者，见到当今台湾小说中有这两个世界并存——一个是绝望的知识分子的世界，一个是人道主义式充满希望和乐观的世界，大概不会感到诧异。西方读者早已在现代西方文学中见惯了更极端的虚无主义及绝望的思想，我相信他们读到台湾小说中刻画贫苦生活的作品，见到它们所描写的那些单纯的人物遇到的痛苦和欢乐，以及这些人在逆境中为求生存、求尊严而发挥的惊人力量时，会特别为之感动不已。这些台湾乡土小说虽然采取了西方的形式和技巧，却是地道的中国文学的宗嗣，承继着自《诗经》以来的传统平民文学精神。

本文一直没有讨论白先勇的《冬夜》，因为这篇作品虽然深刻地表现出台湾生活的实况，却与本集中其他的作品很不同：作者苦心经营，透过两个五四时期学生领袖的老朋友的对话，反映出中国近几十年来的经历。这两个人之中，一个是柏克莱加州大学的中国历史名教授，刚返台北小住数天；另一个则是台北某大学名不见经传的英诗教授，他年轻时满腔爱国热忱，为革命奋斗，由他拥戴拜伦一事可以见出。但他与拜伦唯一相似之处，竟不过是那微跛的脚。但故事发展下去，读者的注意力逐渐从二人际遇的强烈差野，转移到另一个更尖锐的对比上：昔日他们热切爱国，慷慨激昂，现在那位英诗教授的儿子，却一心一意想在大学毕业后到美国深造物理，特别希望进加大。《蝉》中的陶之青明白地表示不满在美国的生活；在《地》的结尾时，小禹由中西部一所大学转到一加州理工学院攻读，虽然愈来愈沾沾自喜，仍至少感到生命中少了一点什么。但我们可以断言，《冬夜》中那个年轻的物理学者，会一心一意往美国研究物理，以求有成。他代表着这一代"快乐"的中国人，切望永久离乡别井，背叛上一代的传统，毫无半点悔意。

这儿无须多花篇幅分析《冬夜》，因为我已在最近一篇文章中讨论过，刘绍铭也写了整整一篇文章讨论《台北人》，《冬夜》就是《台北人》中的一篇。这儿只需指出：本书所选各作者中，白先勇是怀旧之情最浓烈的一位。因为《冬夜》正如他所有成熟的作品一样，把现居于台湾及美国的大陆人那种大大褪了色的生活，与他们在大陆灿烂光辉的过去做强烈的对照，而且感情上明明白白表示拥护昔日的一切。连那些不大向往鼓吹爱国的作品的年轻读者，也容易对白先勇这些怀旧的作品产生共鸣，加上他的艺术技巧出类拔萃，所以白氏近年大受欢迎。

一九七三年十一月，陈若曦突偕夫婿及两个幼子从大陆抵香港，后来终于全家定居加拿大温哥华。她是个理想主义者，早年从未踏足中国大陆，却满腔热忱要为祖国服务。就在一九六六年秋天"文化大革命"大搞之际，她与丈夫同进入大陆，挨了七年地狱式的日子。她吃尽了苦头，付出不少代价，但艺术造诣则磨炼得成熟许多，对中国人民的了解也加深了许多。她重获自由后所写的一连串小说，虽然来不及选一种收入本集，但揭露了中国人在另一方面的悲惨遭遇，这是第二代的作家从未感受过的。

本书的封面采用了何怀硕的水墨画《苍白的月亮》，这幅画可算是现代中国艺术最高成就的代表，与本集中的作品并列，可收牡丹绿叶的效果。何怀硕也是台湾有名气的作家，著有两本批评文集，不过他的志趣仍以作画为主。我相信在他这一代画家中，能够像他这样坚拒模仿西方画潮流、别具匠心把中国传统画风格加以改变以表现个人境界的，实不多见。何怀硕最好的作品，都充满荒凉的以及阴森的庄穆情调，令人深深感动；这幅台北市的夜景，大大的月亮散放着微黄的光注入人间，就是个好例子。

（原载《明报月刊》一九七七年第六期）

怀念理想主义者——陈映真

得知映真兄去世，头脑一片空白。

你以"纯真热诚"四字形容他，颇为简要。"你"发给齐师电邮说道"纯真热诚，这样的作家一时想不到第二人"。他热诚于淑世，要救台湾于奴性的干预，要救中国于拜金的狂潮，要救世界于弱肉强食。

他纯真于理想，要人类立足于平等，终生为弱势而奔走呼号。

他是小说家，更是社会评论家，最为难能可贵的，是他身上仍然流动着中国传统知识分子的激情。

齐益寿　台湾大学中文系退休教授

我有一段时间住在陈映真家对街大楼的小套房，那时我离开报社去一家新办的文学刊物社工作，映真老师在他家院子走廊叹气说，唉，那么好的工作不要了。

他办过杂志，知道这不容易。

在他家的客厅，戴眼镜，翻笔记，详问我最近读过的书，我很吃惊。

原来他正在系统阅读年轻作者的作品，他没放弃任何学习的机会。

我们每一个人都曾经那么像陈映真——在夜里独自读过《山路》，泪流满面，在黎明微光里细细思索陈映真的日语阴性的中文语法，在美丽委婉当中，寻找一种自信跟坚强，最后变成深山里的一朵花，像丝绸绢带一般细水飞流山谷。

我最后一次见陈映真夫妇在香港城市大学，很多教授作家在小巴上集合，他抛来一句话："读了你在《联合报》副刊一系列文章，很好的。现在没有人关心这些事，要写下去。"他说的是我的微型小说《看见白龙的老同学》，我写时猜想映真老师读了一定懂得我的心思。

小巴载我们到宴会，同桌的白先勇忙着跟悦然说他到艾滋村的故事。

映真夫妇和我们同桌，默默地静听，《人间》杂志若在，也关怀这个题目。

现在想来不可思议，我曾距离他那么那么近，以后又相隔那么那么远。

不管别人怎样评价陈映真的民族立场，他就是一个文学的国王，没有什么能改变我们对陈映真老师的回忆。

陈文芬 旅居瑞典的台湾作家

陈映真是一个矛盾的人，说不清，说不尽，正如李欧梵说："他既写实又浪漫，既有极强的意识形态又有沉郁颓废情感，既乡土又现代，既能展望将来又往往沉湎于过去，对人生既有希望又感绝望，对于社会既愿承担，但也在承担的过程中感到某种心灵上的无奈……"

　　　　　　　　　　　　　　　　　　郑政恒　香港作家

陈映真获"花踪"大奖

曾毓林

马来西亚《星洲日报》第七届"花踪"文学奖颁奖典礼于二〇〇三年十二月二十日在吉隆坡隆重举行，台湾小说家陈映真获第二届"花踪世界华文文学奖"。本文为该颁奖礼的报道整理，并摘录了数位评审对陈映真作品的评介。

——编者

应邀出席"花踪"文学奖颁奖礼的上届"花踪世界华文文学奖"得主王安忆代表十八位评审致赞词时，特地朗读她的一篇文章的段落，讲述她与陈映真一段相遇的经过，以及这段过程给她带来的影响：

二〇〇一年末的全国作家代表大会，陈映真代表台湾赴会，我与他的座位仅相隔两个人，在熙攘的人丛里，他却显得寂寞。我觉得他不仅是对我，还是对更多的人和事失望。虽然世界已经变得这样、这样地融为一体，切·格瓦拉（港译捷古华拉）的行头都进了时尚潮流，风行全球。二十年来，我一直追索着他，结果只染上了他的失望。

我们要的东西似乎有了，却不是原先以为的东西；我们都不知道要什么了，只知道不要什么；我们愈知道不要什么，就愈不知道要什么。我总是希望能在他那里得到回应，可他总是不给我。或是说他给了我，而我听不见，就又成了下一个问题。我从来没有赶上过他，而他已经被时代抛在身后，成了落伍者，就好像理想国、乌托邦，我们从来没有看见过它，却已经熟极而腻。

台湾文学评论家李奭学点出陈映真得奖作品《忠孝公园》涵盖的时代意义及对当代青年的影响："陈映真在书写台湾历史方面有很独到的见解。尽管我不全然同意他诠释台湾历史的观点及对资本主义的批判，但对他创作的其他地方都佩服得不得了。"

中国文学评论家陈思和认为，陈映真的小说里的每一个人物和情节很可能都包含了很大的历史隐喻。"从这几年来台湾的各种声音当中可以发现，陈映真在作品中体现了一种非常强烈且独特的个人理解，不仅是对台湾，对大陆和世界文化都有独到的理解。我认为这是一个作家最宝贵的一点、最抹杀不掉的东西。"

而在香港浸会大学中文系执教的黄子平指出，陈映真的创作除了触及社会主义思想外，也大量探讨了基督教的苦难诠释。

每两年一届的"花踪"文学奖自第六届开始设立世界华文文学奖，并参考诺贝尔文学奖评委的组成和评奖方式，由十八名作家和学者组成评委会。每位评委在评审年度推荐一位作家及其近十年内出版的代表作品，并提呈受推荐者的文学表现和赞词，给予世界华文文学奖的加冕。

（原载《明报月刊》二〇〇四年第二期）

陈映真在爱荷华与叶芸芸

作家陈映真病逝北京

黄暐胜

台湾地区名作家陈映真二〇一六年十一月二十二日病逝北京，享寿七十九岁。陈映真本名陈永善，一九三七年生于台湾新竹（今台湾苗栗县竹南中港），一九五九年在文学杂志《笔汇》发表第一篇小说《面摊》受到瞩目，第二篇作品《我的弟弟康雄》被作家三毛评为"这篇小说看了一百遍以上，每遍读都哭"。八十年代参与《文季》《夏潮》等杂志编务，一九八五年十一月创办关怀弱势族群的刊物《人间》杂志，开创台湾报道文学先河，后因不堪亏损于一九八九年结束。

陈映真也是一个浪漫的理想主义者。一九五七年发生美国大兵打死台湾人的"刘自然事件"，群众攻击"美国大使馆"，当时还是高中生的陈映真扯下美国国旗撕毁。一九六八年"民主台湾联盟案"，遭政府以"组织聚读马列共党主义、鲁迅等左翼书册及为共产党宣传"等罪名逮捕，被判十年有期徒刑，后因蒋介石去世百日特赦而提前三年出狱，但在一九七九年十月又被拘捕，最后在施明德、陈鼓应、白先勇、郑愁予等人的联署下获释。陈映真主张中国统一，在一九八八年与胡秋原等人成立"中国统一联盟"并担任主席。他是台湾重要作家，也是受到争议的作家。二〇〇六年六月移居北京后，不久接连中风，卧病直至去世。

十二月十日至十一日，文讯杂志社主办、纪州庵文学森林协办之"人间风景陈映真"座谈会，邀请廖咸浩（兼主持）、杨泽、曾淑美、廖志峰、杨宗翰、向阳（兼主持）、林瑞明、林文义、詹澈、朱宥勳、詹闵旭等人与会，向陈映真致敬。

作家朱宥勳认为，不应该觉得年轻人一定无法接受陈的作品。陈映真过世时，他曾在脸书直播《面摊》的线上读书会，一行一行朗读、讲解，收看者有一千多人。

作家向阳认为，《人间》杂志是陈映真对台湾很大的贡献，为台湾的报道文学再创高峰，让大家可以看见当时台湾社会的真相。

中正大学助理教授詹闵旭提到，除了陈映真的文学成就之外，要怎么把他社会关怀的面相保留下来，是很重要的命题。

二〇一六年

大家眼中的陈映真

大家眼中的陈映真

陈志明 整理

陈映真，一九三七年生于台湾苗栗县竹南中港。著名作家、思想家。原名陈永善，笔名许南村，一九五七年高中毕业后考取淡江英专（即今淡江大学）英语系，一九六一年毕业。一九五九年发表第一篇小说《面摊》，从此走上文学道路。

一九六八年七月，台湾当局以"组织聚读马列共党主义、鲁迅等左翼书册及为共产党宣传"等罪名，逮捕包括陈映真在内等三十六人。陈映真被判处十年有期徒刑；一九七五年，因蒋介石去世特赦而提前三年出狱。一九八五年创办《人间杂志》，一九八九年成立人间出版社。一九八八年成立"中国统一联盟"并担任首届主席。一九九六年获颁中国社会科学院荣誉高级研究员；一九九八年，获颁中国人民大学客座教授称号。一九九九年出席"中华人民共和国建国五十周年大典"。

二○○六年九月二十六日在北京第一次中风入住朝阳医院，其后再度中风陷入重度昏迷，被安排于该医院"重症监护室"。

二〇〇九年九月，全国台联和中国作协在北京联合主办"陈映真先生创作五十年学术研讨会"，陈映真夫人陈丽娜代表陈映真出席。

二〇一〇年八月，中国作家协会第七届主席团第十次会议决定聘请陈映真为中国作协第七届全国委员会名誉副主席。

二〇一六年十一月二十二日在北京病逝，享寿七十九岁。《人民日报》发文称："陈映真先生是忠诚的爱国主义者，台湾同胞的杰出代表，著名文学家，台湾爱国统一阵营的杰出领袖和理论家。"

本文辑录一组当代作家、学者对陈映真的评介，以飨读者。

——题记

严家炎：陈映真是中国当代文学史上一位不平常的"先知"

陈映真先生是中国当代文学史上的重要作家，同时也是一位不平常的"先知"。在海峡两岸，他名重功高，完全不是"其名不显"。陈映真先生性格豪爽，态度真诚，文学上也确实是一位富有责任感的理想主义者。他在二十世纪七十年代的后期，就用"艾邓"为笔名发表文章《孤儿的历史和历史的孤儿——读吴浊流〈亚细亚的孤儿〉》，这篇论述颇有深度。我主编的《二十世纪中国文学史》中，对陈映真有着高度评价。书中说："陈映真以艺术家的敏感和思想者的深刻使自己作品具有'先知'和'启示录'意义。"说陈映真"孤独而坚强地行走于台湾历史风云之中而矢志不改其理想主义"。该书的台湾文学部分由中国社会科学院文学研究所的黎湘萍教授执笔。我确实完全真诚地赞同这些评价，也坚信它们完全符合陈映真先生的实际。

（陈志明《访严家炎先生谈陈映真》）

王德威："台湾地区的鲁迅"陈映真

陈映真的作品受到鲁迅以降二十世纪三十年代左翼文学的启发，他也一向以鲁迅风骨作为效法对象。陈映真自己曾说："鲁迅给了我一个祖国"，"鲁迅给我的影响是命运性的"。除此，他对日本及欧洲文学也多有涉猎。影响他最大的外国作家包括日本的芥川龙之介、俄国的契诃夫等，前者幽暗暧昧的生命视野，后者深沉婉约的笔触风格，都可以在他的作品中找到印证。日本学者松永正义曾指出，鲁迅体验所给予陈映真的是尽管身处"台湾民族主义"的气氛中，"他还能具备从全中国的范围来看台湾的视野，和对于在二十世纪六十年代台湾文坛为主流的'现代主义'，采取批判的观点"。钱理群更进一步说明，陈映真还通过鲁迅获得了从第三世界看台湾的视野。陈映真曾以许南村之名，论自己的创作背景及限制："基本上，陈映真是市镇小知识分子作家"，"在现代社会的层级结构中……处于一种中间地位。当景气良好，出路很多的时候，这些小知识分子很容易向上爬升……而当其向下沦落，则又往往显得沮丧、悲愤和彷徨"。换句话说，陈映真和他所要批判的对象，其实分享了同一背景与资源：他对社会的批判也正是对自己原罪的忏悔。由此产生的张力最为可观。由是推论，陈映真的文学观总是自我否定、抹消的文学观，是达成目的的手段。他显然低估了自己作品意识形态以外的吸引力，而他的文名也恰恰建立在这矛盾之中。这一方面，陈映真也与鲁迅相照映。

（王德威《台湾的鲁迅，南洋的张爱玲》）

钱理群：陈映真是批判知识分子传统在台湾地区的重要传人和代表

陈映真反复强调一点："爱国的中国知识分子最高诰命，来自人民——而不是哪一个党，哪一个政权""一个独立的批评作家，应该认同于自己的人民、文化与历史，而不是认同哪一个个别的政党与政权""中国的作家，在两个不同的地方受到批评和抑压的时刻开始，彰显了他们的一体性：他们属于中国的人民，而不属于任何权力"。这是一个"在权力之外，另求出路"的思路；是一个自觉地"重建中国知识分子在权力之前，坚持良知、真理，为民请命，褒贬时政的传统精神"的努力；这也是"当永远的在野派"，做"抵抗体制的知识分子"的选择和自我定位。陈映真做出这样的选择与定位，鲁迅无疑是他的重要精神资源和榜样。鲁迅一直在告诫我们：要论中国和中国人，要"自己去看地底下"，那里自古就有"埋头苦干的人，有拼命硬干的人，有为民请命的人，有舍身求法的人"，他们才是中国的"筋骨和脊梁"。而鲁迅更是把"对社会永不会满意"的，永远的批判者的知识分子称为"真的知识阶级"。这样的独立于党派外、体制外的批判知识分子的传统，是鲁迅所开创的；而陈映真正是这样的批判知识分子传统在台湾地区的最重要的传人和代表，陈映真也因此在中国现代知识分子史上获得了自己的特殊地位。

（钱理群《陈映真和"鲁迅左翼"传统》）

李欧梵：陈映真是文坛少有的"知识型"和"信念型"作家

陈映真是文坛少有的"知识型"和"信念型"作家。他的知识领域不限于文学，更注重思想；他的基本信念也不限于政治，而更注重人道主义的人生意义。我和他相交多年，每次见他，都有类似的感受。陈映真就是这样的知识分子，他不断地在知识领域中求索，也不断地确认他的信念。我和他的友情，既亲切又淡如水，见面时他很少说应酬之类的话，他的笑容是诚恳的，但说的仍然是严肃的话题。

（李欧梵《陈映真和萧斯塔可维奇》）

姚一苇：为人生而艺术的小说家陈映真

我记得一九五九年，在《笔汇》革新号第五期，读到一篇以陈善之名发表的小说《面摊》，引起我的注意。这篇小说的故事非常单薄：一对夫妇带着咯血的孩子，从苗栗来到台北，为了生存，经营起流动的面摊。一个最平凡的人的平凡困境。像这样的题材，在三十年代我国小说中读得多了，但是在这篇作品里，在他所描写的困境中，不是粗鲁的、浮面的感情，而是在那痛苦的里面，有一股温馨的、深沉的人间爱。而尤其吸引我的，是他的文字；我不是说他的文字有何巧妙，如何灵活，而是有一种难以言传的魅力。

他是一位真正的艺术家。因为上天赋予他一颗心灵，使他善感，能体会别人难以体会的；上天又赋予他一双眼睛，能透视事物的内在，见人之所未见；上天赋予他一支笔，挥洒自如，化腐朽为神奇。因此我敢于预言，当时代变迁，他的其他的文字可能渐渐为人遗忘，但是他的小说将会永远留存在这个世界。

（姚一苇《〈陈映真作品集〉总序》）

白先勇：文学心灵的敬重

那时候是六十年代，我们办《现代文学》，开始时我是在文章上面认识陈映真的。他那时在《笔汇》上已经有文章发表，像《面摊》《我的弟弟康雄》等，他这些早年的作品对我而言很有吸引力，一种少年维特之烦恼的情绪，很动人，很吸引年轻读者。他一上来就有"文体家"的气势，文章中有一种很特殊的感性。他有自己引人入胜的声音，带人进入有点忧郁、感伤又有些落寞的境界当中。他的文字直指人心创痛处，也因为他以非常认真、严肃的态度看待人，尊敬人的苦痛，所以在他写《将军族》《那么衰老的眼泪》《一绿色之候鸟》《文书》的时候，都可以感到他有一种对人——尤其是对弱小人物——特别的怜悯，那是他的胸怀，也是他文章最感人的地方。

我个人跟他关系很特殊，他只来过我家一次，后来他坐了政治的牢，我又留学去了国外，就没有什么往来的机会。但我跟他有一种文学上、心灵上相互的敬重。我与他信仰不同，无论是政治或者宗教，但是相知相惜。对我而言，我相当看重这份关系，彼此的关切都在默默之中。

陈映真是一个文学家、艺术家，他忠于他自己的文学，这些都会大过政治、超越政治。因为他对文学有心，所以他是一个真正的艺术家，他的小说成就最后会替他做定位。年轻读者应该会很喜欢他那忧郁、浪漫情绪的文风，这是他很大的成就。

（白先勇《文学心灵的敬重》）

蒋勋：我的老师陈映真

初识映真先生时，我还是强恕中学的高中生。从高中到大学，我和映真先生谈论的多是文学上的问题。我较倾向于着迷他早期的小说：《我的弟弟康雄》《兀自照耀着的太阳》《乡村的教师》《苹果树》等。他入狱的原因没有人清楚。在那个"戒严"的年代，一切消息皆完全封锁。也就在那时候，我开始重新读起他所有的作品，重新思考起他和我论辩文学时提到的"文学的关怀""人的主题""民族的现实"等我原来十分模糊的概念。也就是在那时候，映真先生重新成了我的老师。曾经教学生弹吉他、唱英文歌的老师，曾经在校园中手搭着肩膀随意谈笑的老师，曾经与之争辩至于动怒而依然坦荡容纳你的老师，因为他的入狱，才使我重新思考起那随和背后人格与思想上的包容与深邃。我至今没有问过他入狱的原因。他所有的作品，从康雄到吴锦翔，从贺大哥到蔡千蕙、宋蓉萱，似乎是再清楚不过的"自白"。那里面，从理想的、赎罪的知识分子的颓废自苦到宗教热狂式的自我牺牲，似乎是近代所有中国优秀的知识人注定的一张"罪状"吧。

(蒋勋《我的老师陈映真》)

南方朔：最后的乌托邦主义者

在纷乱的台湾现世里，多年以来，陈映真一直是个"独特的存在"。他角色多变，不暇自安，追求自我的实现与完成。因此，陈映真是难以被分类的。他的步履在小说、评论，甚至政治等方面做着多向度的展开。他有着一个不断引起争论的知识世界，一套独特的义理。无以名状，他或许就是那种在我们这个时代里早已消失了的，对未来仍有憧憬、对末世仍有悲愿的乌托邦主义者。在世变日亟，倒错、淆乱、残暴等充斥的这个年代，具有乌托邦信念的人已成了空谷足音。陈映真在我们这个时代受人推崇，最真实原因不是别的，或许正是他源源不断的信念给予人们的召唤吧。

（南方朔《最后的乌托邦主义者：简论陈映真知识世界诸要素》）

潘耀明：他的一生，从来没放弃对理想的追求

我与陈映真的关系，可称亦师亦友，他更像我的老师或大师兄；他在与我通信中，也是以"小潘"称谓。事实上，他强烈的民族感情和对家国事予以巨大的热情关注，爱憎分明，坚持自己的理念，永远是我学习的榜样和敬畏的师长。我与陈映真相交凡二十多年。一九八三年秋，一起参加了美国"爱荷华国际写作计划"。一九八三年十一月，临离开爱荷华，他特地为我写了一段话："为了中国文学写作环境的民主、自由和解放；为了中国文学创作品赏的丰富、提高和纵深；让我们谦卑而坚定地做出我们应做的贡献！……"我一直把这段话放在案头，以为策励。他的一生，从来没放弃对理想的追求。

（陈志明《访潘耀明先生谈陈映真》）

王安忆：我从来没有赶上过他

假如我没有遇到一个人，那么，很可能，在大陆经济改革之前，

我就会预先成为一名物质主义者。而这个人，使我在一定程度上，具备了对消费社会的抵抗力。这个人，就是陈映真。二〇〇一年末的全国作家代表大会，陈映真代表台湾赴会，我与他的座位仅相隔两个人，在熙攘的人丛里，他却显得寂寞。我觉得他不仅是对我，还是对更多的人和事失望。虽然世界已经变得这样、这样地融为一体，切·格瓦拉（港译捷古华拉）的行头都进了时尚潮流，风行全球。二十年来，我一直追索着他，结果只染上了他的失望。

　　我们要的东西似乎有了，却不是原先以为的东西；我们都不知道要什么了，只知道不要什么；我们愈知道不要什么，就愈不知道要什么。我总是希望能在他那里得到回应，可他总是不给我。或是说他给了我，而我听不见，就又成了下一个问题。我从来没有赶上过他，而他已经被时代抛在身后，成了落伍者，就好像理想国、乌托邦，我们从来没有看见过它，却已经熟极而腻。

（王安忆《乌托邦诗篇》）

聂华苓：踽踽独行陈映真

　　一九六〇年，只有二十三岁的陈映真，在《笔汇》发表一连串小说。那年正是"自由中国"事件发生，我和外界隔绝，自我放逐，心情极端虚无，没有读到陈映真的小说，也没有见到陈映真，很遗憾，更何况当年他一定是个俊美的男子。

一九六四年，我到爱荷华以后才读到他的小说，隐约感到他的忧郁、激情和孤独。在那个恐怖的时代，作家的倾向，尽可能不触及社会现实。陈映真独树一帜，他的小说不局限于"乡土"，不卖弄"现代"，而是基于对个人"人"的终极关怀，基于人性，用艺术的手法挖掘社会现实，表达他的思想。

陈映真是思想型的小说家。他的思想可以从他小小的年纪追溯起。

……一九五九年，他开始写小说，在尉天骢主编的《笔汇》上发表。从此他没停笔，用他冷峻而又丰润的笔，写出大量精致、理性、批判性的作品。

陈映真就是具有人的体温、人的骨头、人的勇气的文艺家，一直在他称为"台湾当代历史的后街"中独行。即便现在，在二十一世纪的今天，他仍然是寂寞的、焦虑的，在另一条后街中踽踽独行。

（聂华苓《踽踽独行——陈映真》）

陈若曦：坚定不移的民族主义者

映真写了一系列跨国公司实行"资本帝国主义"掠夺的小说，有些人认为"突出政治"，但是幸亏他写出来了。它们诚是台湾政治、经济发展的客观历史呈现。作家的良知让他们真实地反映社会现象。

映真的小说将永远有存在价值。返台十四年，看到家乡在本土化的口号下，文化备受美化、日化和韩化的侵蚀，有识者莫不心急如焚。这时想及映真坚定不移的民族主义信心，不禁肃然起敬。他是一顶永远的老红帽，台湾一道美丽的风景。

（陈若曦《坚定不移的民族主义信心》）

林怀民：在那个时代里面，陈映真的声音是重要的声音

我第一次看到陈映真的小说，十七岁我在台中读书，暑假的时候到台北来，一个人来动鼻窦炎的手术。那个时候季季来看我，然后给了我《现代文学》，那是我第一次看到陈映真的小说，肿着一个脸，然后眼睛眯成一条缝，然后一面哭，哭完了以后再继续看，然后再重新地来看……一直到这几年看陈映真的小说，看他的《山路》《铃铛花》，仍然要哭泣。他对于弱小的人、边缘的人，对于一些不公平的事情，他年纪大了仍然还有火气，仍然非常委婉地有效地表达。杨照今天我碰到他，他说他第一次看到陈映真那个时候，书是禁书，所以他是自己手抄。黄春明说他在年轻的时候，在宜兰当小学教员，第一次看到《我的弟弟康雄》，他躲在房间哭，怕家人知道他在哭，所以在房间里头憋着哭了一个晚上。他说了一句话我觉得非常好，他说："感动你的是什么，以及你为什么受感动，是不太重要的，重要的是你是不是仍然有被感动的能力。"我想刚刚讲陈映真，这么久以来他仍然在感动着

我们，必然他仍然没有丧失被感动的能力。

（蔡康永《访问林怀民》）

杨照：只有一个陈映真

　　如果有一种贯穿在陈映真小说中，不灭不变的"陈映真精神"，那会是什么？会是对公平正义的追求？对于帝国主义的控诉？还是对于弱小者的哀怜？恐怕都不是。尽管上述主题都在陈映真小说中扮演过重要角色，也曾经轮番刺激出最炫目的灵光来，然而他们不足以界定陈映真。在我看来，"陈映真精神"的原型，存在于《我的弟弟康雄》那个叙述身份与叙述口气里，存在于陈映真小说中所有曾经因不同际遇，在不同场景下与高贵理想灵光交错相见，却又无力保守理想、使理想成为生活现实的人身上。我们知道理想比现实美好，我们相信应该奉献自己于理想的追求，或至少应该奉献自己于支持协助那些理想主义者的挣扎，可是不管出于缺乏勇气、缺乏资源、缺乏识见……我们在理想之前退却了，带着惭愧的罪疚，我们由理想主义者退化（或进化）成为享受安适生活的"康雄的姐姐"。

（杨照《只有一个陈映真》）

附录——陈映真生平与创作简表

一九三七年

十一月，农历十月六日，陈映真（本名陈永善），与双胞胎兄弟陈映真出生于台湾苗栗县竹南中港，生父陈炎兴，生母陈许丝。

一九三九年 过继给三伯父陈根旺，养母陈玉爱，随之迁居桃园市。

一九四四年 为躲避空袭，生家与养家皆疏散至台北县莺歌镇。

一九四五年

九月，就读于莺歌学校（现莺歌小学）。

十月，趁光复后新户籍登记，养父将"映善"改名"永善"。

一九四六年

十一月，生家迁桃园，生父出任桃园小学校长。

双胞兄弟陈映真因腹膜炎去世。

一九四九年 在桃园生父家接触到鲁迅小说集《呐喊》。

一九五〇年

六月，毕业于莺歌学校。

九月，进入成功中学初中部就读，认识同学吴耀忠。

秋，小学老师及邻家陆大姊在"白色恐怖"肃清寒流中遭捕。

一九五三年 初三留级一年，暑假大量阅读各种小说，开学后编入三年甲班，认识同学方森弘、陈中统。

一九五四年

六月，毕业于成功中学初中部。

九月，就读成功中学高中部，仍与方森弘、陈中统同班。

一九五六年 养父因肝病去世，养家搬至台中与生家一同生活。

一九五七年

五月二十四日，"刘自然事件"，打造反美抗议牌与同学陈中统等人前往抗议，遭巡警队召去询问口供，幸无事释回。

六月，毕业于成功中学高中部。

九月，就读淡江英语专科学校（今淡江大学）外文系。

一九五八年 重考考上师大美术系秋季班，与吴耀忠同榜，但未去就读。

一九五九年

五月，读毕钟理和《草坡上》后写信给作者表达感动，钟理和因此受到鼓舞，立即回信。

九月十五日，在尉天骢、尤崇洵邀稿下于《笔汇》发表第一篇小说《面摊》，笔名陈善。

一九六〇年

一月，于《笔汇》发表小说《我的弟弟康雄》，笔名然而。

三月，于《笔汇》发表小说《家》，笔名陈映真。

八月，于《笔汇》发表小说《乡村的教师》，笔名许南村。

九月，于《笔汇》发表小说《故乡》，笔名陈君木。

十月，于《笔汇》发表小说《死者》，笔名沈俊夫。

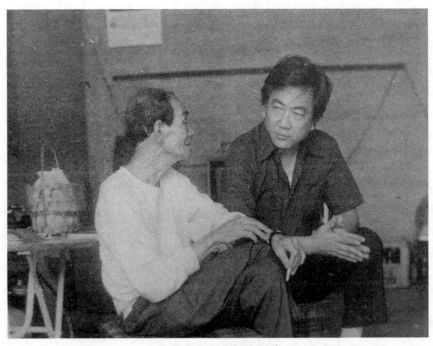

陈映真（右）探访杨逵

十二月，于《笔汇》发表小说《祖父和伞》，笔名林炳培；书评《介绍第一部台湾的乡土文学作品集——〈雨〉》，笔名陈映真。

一九六一年

一月，于《笔汇》发表小说《猫它们的祖母》，笔名陈秋彬。

五月，于《笔汇》发表小说《那么衰老的眼泪》，笔名陈映真。

六月，毕业于改制后的淡江文理学院外文系。

七月，于《笔汇》发表小说《加略人犹大的故事》，笔名许南村。

十一月，于《笔汇》发表小说《苹果树》，笔名陈根旺。

一九六二年 进入军中服役。

一九六三年

三月，于香港《好望角》半月刊发表《哦！苏珊娜》，笔名陈映真。退役，九月任台北市私立强恕中学英文教师，共两年半，期间结识同事李作成，其并介绍日本外文官浅井基文与陈映真认识，开始大量阅读左派思想书籍；离校后仍与学生蒋勋保持亦师亦友的关系。

九月，于《现代文学》发表小说《文书》致好友吴耀忠毕业纪念，笔名陈映真，此后发表小说以陈映真为笔名，评论翻译等以许南村为笔名。

一九六四年

一月，于《现代文学》发表小说《将军族》。

六月，于《现代文学》发表小说《凄惨的无言的嘴》。

十月，于《现代文学》发表小说《一绿色之候鸟》。

一九六五年

一月，参与《剧场》编务，于《剧场》第一期发表影评《超级的男性》。

二月，于《现代文学》发表小说《猎人之死》。

四月，于《剧场》发表评论《关于〈剧场〉的一些随想》、译文《贝克特与 METATHEATER》。

七月，于《现代文学》发表《兀自照耀着的太阳》。

七月，于《剧场》发表译文《现代思想与电影》。

九月三日至四日，于台北耕莘文教院参与《剧场》第一次演出，《先知》及《等待果陀》的幕后工作及演出。

十二月，于《剧场》发表评论《现代主义底再开发——演出〈等待果陀〉的随想》，任职于淡水的美商辉瑞药厂，与高中同学方森弘成为同事，负责文宣及公司刊物等业务。

一九六六年

一月，于《剧场》发表评论《寂寞的以及温煦的感觉》。

九月，于《幼狮文艺》发表《哦！苏珊娜》。

十月，于《文学季刊》发表《最后的夏日》，与友人组织"民主台湾同盟"。

一九六七年

一月，于《文学季刊》发表小说《唐倩的喜剧》，影评《ASA, NISI, MASA》。

四月，于《文学季刊》发表小说《第一件差事》。

七月，于《文学季刊》发表小说《六月里的玫瑰花》、评论《流放者之歌——於梨华女士欢迎会上的随想》。

十一月，于《草原杂志》发表评论《期待一个丰收的季节》。

一九六八年

二月，于《文学季刊》发表评论《知识人的偏执》。

二月，于《草原杂志》发表政治漫画，笔名巫茶果。

五月，应邀赴美参加"国际写作计划"，出发前却因"民主台湾联盟案"被警总保安总处以"组织聚读马列共党主义、鲁迅等左翼书册及为共产党宣传"等罪名逮捕。

十二月十八日，初审判决有期徒刑十年。

一九六九年

二月，复审判决，仍判刑十年，羁于台北新店警总看守所，同案遭判别者有吴耀忠（十年）、李作成（十年）、陈述孔（十年）、丘延亮（六年）、弟弟陈映和（八年）、林华洲（六年）。

一九七〇年

春节前移监至台东泰源感训监狱。

二月，被捕前旧稿《永恒的大地》由尉天骢以化名秋彬刊于《文学季刊》。

一九七二年

春，移监至绿岛监狱"绿洲山庄"。

十一月，被捕前旧稿《累累》由主编也斯以化名陈南村刊于香港不定期刊物《四季》。

出版小说集《陈映真选集》（刘绍铭编）。

一九七三年

八月，于《文季》（季刊）发表被捕前旧稿《某一个日午》，笔名史济民。

一九七五年

七月，蒋介石去世百日祭特赦，提早三年出狱。

十月，以笔名许南村发表自我剖析的文论《试论陈映真》。

十月，于台北远景出版社出版小说集《将军族》和《第一件差事》。

十一月，经高中同学方森弘介绍，就职美商温莎药厂，在忠孝东路的大陆大楼上班。

一九七六年

年初，小说集《将军族》遭查禁。

年中，参与《夏潮》杂志编务。

十月，于《台湾文艺》发表评论《孤儿的历史和历史的孤儿》。

十二月，于台北远行出版社出版评论集《知识人的偏执》。

一九七七年

二月，与药厂同事陈丽娜小姐结婚，结婚典礼在耕莘文教院举行。

五月，参与乡土文学论战，于《仙人掌》《中华杂志》《台湾文艺》《小说新潮》上发表《文学来自社会反映社会》《建立民族文学的风格》《乡土文学的盲点》《关怀的人生观》等文章。

一九七八

三月，于蒋勋主编的《雄狮美术》发表小说《贺大哥》。

三月，于《台湾文艺》发表小说《夜行货车》。

九月，于《仙人掌》发表评论《在民族文学的旗帜下团结起来》。

九月，于《雄狮美术》发表小说《上班族的一日》。

一九七九年

四月，获得第十届"吴浊流文学奖——小说创作奖"，得奖作品《夜行货车》。

十月三日，第二次被调查局拘捕，逮捕名义为"涉嫌叛乱，拘捕防逃"，三十六小时后交保候传。

十月，于《美丽岛》发表被捕纪实《关于"十三事件"》。

十一月，于《现代文学》（复刊版）发表被捕前旧稿《累累》。

十一月，于台北远景出版社出版小说集《夜行货车》。

一九八〇年

六月，参与"台湾结"与"中国结"论战，于《前进周刊》《夏潮论坛》发表《向着更宽广的历史视野》《战国辉与陈映真对谈："台湾人意识"与"台湾民族"的虚相与真相》（丛芸芸整理）等文章。

七月，于《现代文学》（复刊版）发表评论《试论蒋勋的诗》。

八月，于《台湾文艺》发表《云》。与弟弟陈映朝、陈映和合办汉升出版社，出版《立建杏苑》等医学刊物。

一九八一年

七月，于《现代文学》（复刊版）发表评论《试论施善继》。

一九八二年

十二月，于《现代文学》（复刊版）发表小说《万商帝君》。

一九八三年

二月，于台北远景出版社出版小说集《云》(《华盛顿大楼》第一部)。

四月，于《文学》（双月刊）发表小说《铃珰花》。

六月，于《文季》（双月刊）发表评论《试论吴晟的诗》。

八月，于《文季》（双月刊）发表小说《山路》。

八月，于台北空军俱乐部发表首次公开演讲《大众消费社会》。

八月，应邀请前往美国爱荷华大学访问。

十月二日，获得"时报文学奖——小说推荐奖"，得奖作品《山路》。

十一月，福建人民出版社出版《陈映真小说选》。

一九八四年

六月，中国友谊出版公司出版小说《万商帝君》。

九月，台北远景出版社出版小说集《山路》及评论集《孤儿的历史和历史的孤儿》。

一九八五年

十一月，创办《人间》杂志。

十二月，于台北《人间》杂志社出版自选、插绘的小说集《陈映真小说选》，作为纪念《人间》杂志创刊收藏版。

一九八六年

五月，发起汤英伸援救行动。

七月，成立人间出版社，任出版发行人。

十二月，于《中华杂志》发表评论《抗议日人藤尾正行来台》，并上街抗议。

一九八七年

五月，访港，为《八方》主持复刊仪式，并至浸会大学、香港大学等地进行演讲。

六月，于《中国时报·人间副刊》发表《赵尔平》（节录自《赵南栋》）。

六月，于《人间》杂志发表《赵南栋》。

六月，于人间出版社出版《赵南栋及陈映真短文选》。

六月，受邀前往韩国汉城（今首尔）汉城外语大学（今韩国外国语大学）谈中国的抗日文学。

七月，于雅歌出版社出版与康来新等合著的《曲扭的镜子——陈映真的心灵世界》（康来新、彭海敏合编）。

八月，参与"'中国结'与'台湾结'研讨会"。

九月，赴美国爱荷华参加国际写作计划成立二十周年志庆。

十一月，《赵南栋及陈映真短文选》增订再版。

一九八八年

四月，于台北人间出版社出版《陈映真作品集》十五卷册的一至十卷。

四月，参与果农反美示威游行。

四月，参与筹组"中国统一联盟"，任创盟主席。

五月，出版《陈映真作品集》十五卷册的十一至十五卷。

六月，参与清华大学主办的"第一届当代中国文学学术会议"，并担任座谈引言人。

六月，应邀参加香港中华文化促进中心及《八方》杂志、香港大学主办的"陈映真的文学创作与文化评论国际研讨会"。

九月，于香港文艺风出版社出版《赵南栋——陈映真选集》。

十一月，率中国统一联盟赴国民党中央党部集体退党，抗议胡秋原因赴大陆而遭开除党籍一事。

一九八九年

四月，一度赴韩国采访民主运动。

五月，赴美国加州旧金山波丽娜斯参加"一九八九年中国文化研讨会"。

九月，《人间》杂志因财务困难停刊。

一九九〇年

二月十四日，率"中国统一联盟代表团"二十七位团员到北京访问，受到江泽民亲切会见。

五月，于《幼狮文艺》发表《回忆〈剧场〉杂志》。

七月，参与香港"海峡两岸关系学术研讨会"。

一九九二年

二月二十八日，参与人间出版社等主办的"纪念二二八事件文艺集会"。

四月七日，台视开拍《夜行货车》连续剧。

六月，于台北人间出版社筹划及出版"台湾政治经济丛刊"。

一九九三年

七月，于《中国时报·人间副刊》发表创作纪年与历程《后街》。

一九九四年

一月，于《联合文学》登表报告文学《当红星在七古林山区沉落》。

三月十四至十五日，于《联合报·联合副刊》发表报告剧《春祭》。

三月，于台北台湾艺术教育馆的"绿岛夜曲文艺晚会"首演报告剧《春祭》，钟乔导演。

四月二十三至二十五日，于《联合报·联合副刊》发表散文《安溪县石盘头——祖乡纪行》。

一九九五年

一月，于台北人间出版社出版《陈映真小说集》修订版五卷。

五月，应马来西亚《南洋商报》之邀至吉隆坡出席"第二届国际华文书展"开幕式，并举办讲座。

六月，于台北人间出版社出版译著《双乡记》。

八月，于台北行政院文建会出版剧本《春祭》。

一九九六年

五月，于"中韩文化关系与展望学术会议"发表论文《歌唱希望、自由和解放的诗人金明植》。

七月，于北京时事出版社出版小说《夜行货车》（古继堂编）。

十一月，于台北"吕赫若文学研讨会"发表论文《吕赫若与杨逵殖民抵抗文学》。

十一月，于《联合文学》发表散文《一本书的沧桑》。

十一月，主办"五十年枷锁：日本帝国主义下的台湾照片展"，于台北新生画廊展出。

十一月，生父陈炎兴过世。

一九九七年

三月，于河南文艺出版社出版《陈映真代表作》（刘福友编），列入"中国现当代著名作家文库"。

四月，获中国社会科学院授予荣誉高级研究员位阶，于仪式上演讲《时代呼唤着新的社会科学》。

五月，至台南文化中心演讲《诚心真情看人间之美》。

七月，于"乡土文学论战二十周年日回顾与再思学术研讨会"发表《向内战与"冷战"意识形态挑战》。

七月，受邀参加香港主权移交大典，并筹划"香港殖民时期照片展"，于台北诚品书店展出。

八月，于《海峡评论》发表讲稿《时代呼唤着新的社会科学》。

一九九八年

一月，于北京"吕赫若文学讨论会"发表论文《论吕赫若的冬夜》。

三月，因前列腺炎急性发作，入台大医院治疗。

四月，在张照堂邀约下主持超视"生命·告白——98调查报告"，七月交棒给黄春明。

八月，于《联合报·联合副刊》发表评论《台湾现代知识分子的历史》，后收录于《知识分子十二讲》。

八月，参加韩国济州岛"二十一世纪东亚和平与人权"研讨会。

十月，赴北京参加"黄春明作品研讨会"并发表论文。

十月，担任中国人民大学客座教授。

十月，于中国友谊出版公司出版《陈映真文集》（小说卷、文论卷、杂文卷）。

一九九九年

九月二十二日至十月八日，于《联合报·联合副刊》连载小说《归乡》。

九月，于人间出版社出版的"人间思想与创作丛刊"秋季号《噤哑的论争》刊载小说《归乡》。

十月，参与"中华人民共和国建国五十周年大典"。

二〇〇〇年

一月，于《中国时报·人间副刊》发表散文《父亲》。

二月，为范泉著《遥念台湾》写序，台北人间出版社出版。

三月，于三联书店出版《陈映真自选集》。

四月十至十二日，于《联合报·联合副刊》发表演讲文稿《文学的世界已经变了？》。

七月，于《联合文学》发表评论《以意识形态代替科学知识的灾难——批评陈芳明的〈新台湾文学史〉》。

七月，于解放军文艺出版社出版小说集《将军族》。

七月，于日本蓝天出版社出版日文译本合集《终归》。

九月，于《联合文学》发表《关于"台湾社会性质"的进一步讨论——答陈芳明先生》。

十一月二十四日至十二月五日，于《联合报·联合副刊》连载小说《夜雾》。

十一月，于法国出版法文译本小说集 L' FLE VERTE（《陈映真小说集》）。

十二月，于《复现的星图》（人间出版社）发表《夜雾》。

十二月，于《联合文学》发表《陈芳明历史三阶段论和台湾新文学史论可以休矣！》。

二〇〇一年

一月，于《联合报·联合副刊》发表评论《天高地厚——读高行健先生受奖演说辞的随想》。

四月，于昆仑出版社出版小说集《归乡》。

六月，序杨国光著《一个台湾人的轨迹》。

七月，于《联合文学》发表小说《忠孝公园》。

八月十八至二十日，于《联合报·联合副刊》发表评论《台湾教导文学的历程》。

十月，于台北洪范书店出版《陈映真小说集》六册。

二〇〇三年 十二月，获第二届"花踪世界华文文学奖"，得奖作品《忠孝公园》。

二〇〇四年

二月，担任香港浸会大学第一届驻校作家。

六月，于香港天地图书公司出版《铃珰花——陈映真选集》（刘绍铭编）。

六月，于香港明报出版社出版《陈映真小说选》（郑树森编）。

九月，云门舞集以陈映真小说作品为灵感制作《陈映真·风景》，于国家戏剧院盛大演出。

九月，于台北洪范书店出版《父亲》（陈映真散文集第一册）。

十月，抱病经香港至北京参加苏庆黎葬礼。

十二月，获《联合报·读书人》文学类年度最佳书奖，得奖作品《父亲》。

二〇〇六年

二月十九至二十日，于《联合报》发表评论《文明和野蛮的辩证》。

六月，受邀赴中国人民大学讲学。

七月，抱病参加大陆"两岸文化联谊行"行动。

九月二十六日，第一次中风入院，十月六日二度中风，重度昏迷，数日后苏醒。从此，于北京朝阳医院长期疗养。

二〇〇七年

十一月，获香港浸会大学颁授荣誉文学博士学位。

二〇〇九年

七月，身体情况稳定，持续复健中，得知台湾为他举办一系列活动，庆祝他创作五十周年，十分高兴。

九月，三联书店出版薛毅编选的《陈映真文选》。

二〇一〇年

八月，中国作协第七届主席团第十次会议决定聘请陈映真为中国作协第七届全国委员会名誉副主席。中国作协新闻发言人陈崎嵘表示，陈映真担任中国作协名誉副主席对于两岸文学以及两岸作家的交流是一个标志性事件。

二〇一六年 十一月二十二日，在北京逝世，享年七十九岁。同月，作家出版社计划出版简体版《陈映真全集》。

主要参考资料：

［1］林辛谦.陈映真年表［J］.香港文学，2004，3。

［2］陈映真.陈映真写作年表［M］//陈映真.陈映真作品集5.铃铛花.台北：人间出版社，1998.

［3］黎湘萍.陈映真写作年表［M］//黎湘萍.台湾的忧郁.台北：人间出版社，2004.

［4］赵遐秋.生命的思索与呐喊——陈映真的小说气象［M］.台北：人间出版社，2007.

［5］苏慈云.陈映真年表［D］//苏慈云.红色的执着与白色的焦虑——陈映真及其小说研究.台南：成功大学硕士论文，1997.

［6］李文媛.陈映真大事年表［J］.文讯，2009，9.